「楽しく生きるコツ」教えます！

歓びがあふれだす
45の〈生き方ルール〉

とれみにょん珠生

Art Days

はじめに——あなたの毎日がキラキラ輝くように

「あぁ疲れた〜」

口を開くと、ついこんな言葉が出てきてしまう人が増えているようです。朝の電車の乗客たちを見ても、ほとんどが無表情か、あからさまに不機嫌そうな様子。元気なのはゲームに夢中になっている若者くらい。

仕事、恋愛、人間関係、そして将来への不安——。私たちの周りを見ると、確かに疲れることばかりかもしれません。多くの人が日々疲労感に包まれ、明日へ向かう活力さえ失いかけているようにも思えます。

インフルエンザが流行すると内科医が忙しくなるように、心身に疲労を溜めこんだ人が増えると、ヒーリングの力などを借りながら「癒やし」を求める方が増えてきます。

とはいえ、一時的に癒やされたとしても、それは〝その場しのぎ〟でしかありません。疲れている原因を明らかにして根本的に解決しなければ、すぐ元に戻ってしまいます。「胃腸薬を飲みながら、消化の悪いものを食べ続ける」のと同じです。

東京・武蔵野市で私が運営するスピリチュアルサロン「とれみにょん」にも、さまざまな悩みを抱えた方が来られます。お話を聞くたびに感じるのは、疲れる原因は「楽しく生きるコツを知らないから」ではないかということ。そもそも好きなことをして楽しく生きていれば、疲れなどとは無縁なはず。反対に、嫌なことや楽しくないことばかりしていれば、癒やしが必要なほど疲れるのは当たり前です。

お気に入りのゲームやドラマなら何時間モニターを見ていても大丈夫なのに、仕事でパソコンに向かっていると、すぐに限界が来てしまうのと同じ理屈です。

多くの人の活力が低下しているような世の中で、いま一番必要なのは、この「楽しく生きるコツ」「生きるヒント」ではないでしょうか。世間を悲観的に眺めるのではなく、楽しい生き方を選び、生き抜くための知恵と勇気、前向きな気持ちを持つことが大切なのだと思います。

「楽しく生きる」ための知恵と勇気、そしてやる気が必要であれば、私にはスピリチュアル

はじめに――あなたの毎日がキラキラ輝くように

カウンセラーとして何千人もの人たちの〝前向きエンジン〟に点火してきた経験があります。本書では、そうして得てきたものを丁寧にひも解きながら、あなたの毎日がキラキラ輝くように、ハッピーになるためのヒントをご紹介していきましょう！

この本は、気になるところ、読みたいところから読んでいただける構成です。ピンときた見出しのページから、または、たまたま開いたページからでもＯＫ。職場に向かう電車の中で、洗濯機が止まるまでの時間に、お気に入りのコーヒーのお供に〝元気の素〟をチャージしていただければ幸いです。

あなたは決して不幸ではありません。
幸せを見逃しているだけなのです！

とれみにょん珠生

歓びがあふれだす45の〈生き方ルール〉 目次

目次

第4章　人生を〝無邪気に〟楽しむ方法　139

構成／赤羽博之（耕文舎）

歓びがあふれだす45の〈生き方ルール〉

第1章 マイナスの感情と上手に向き合う

「失敗したくない」を「やらない」理由にしていませんか？

成功した人も最初から〝強い人〟ではなかった⁉

「新しいことが始められないんです」

私が仲間と運営しているサロンにはいろいろな悩み、苦しみを抱えた方が相談に来られますが、最近とくに目立つのがこのタイプ。中には誰もがうらやましく思うような境遇や才能に恵まれている人もいます。

始められない理由を伺うと、置かれている状況や能力にかかわらず「失敗したくない」「傷つくのが怖い」という同じような答え――。私からはこんな質問をお返しします。

「失敗しない人、傷つかない人に会ったことがありますか？」

新しい何かに取り組むとき、人は失敗するのが当たり前。その道のベテランと言われる人でも、最初からうまくいってばかりではなかったでしょう。失敗するからこそ、上達もするのです。

スピリチュアルカウンセラーという職業柄、世間から「成功者」と呼ばれるような方たちに会う機会が多くありますが、皆さん例外なく失敗や苦労、挫折を経験されています。それどころか「そんな逆境から、よく這い上がってこられたなぁ」と、驚かされるような方ばかりです。

では、その人たちは最初から逆境を乗り越えるだけの強さを持っていたのでしょうか。答えは「ノー」。逆境を越えてきたからこそ、強くなれたのです！

つまり、あなたが失敗と考えている出来事のほとんどは、あなたを磨き、あるべき姿へと導いてくれる貴重な経験。いわば「成功への特急券」のようなものです。今までそれを避けてきたとすると、ずいぶん〝もったいない〟ことをした——と思いませんか？

実は、私自身もかつてはそうした経験をマイナスにとらえていました。しかし、今はトラブルに直面すると「さぁ来い！」とばかりにテンションが上がります。それがカウンセラーとしての成長につながり、皆さんへの貢献、そして喜びの共有につながることに気づいたからです。

ハイハイしかできなかった赤ちゃんも、やがてつかまり立ちを始めます。ヨロヨロする様子を見て「転んだら危ないから」と、立たせないようにする親はいないですからね。

問題は「失敗」を悪いこと、怖いこと、恥ずかしいことと捉えて必要以上に避けようとするあまり、さまざまなチャレンジができなくなってしまうことなのです。

「できない」と「やらない」の違い

たとえば、あなたがサーフィンの未経験者だとしましょう。「サーフィンをしたことはありますか?」という質問に、どう答えるでしょう。

「サーフィンは、したことがない」ですか。それとも「サーフィンなんて、できない」でしょうか?

似たような場面は、仕事や日常生活の中でもたびたび登場します。

「今度のプレゼン、すべてキミに任せるよ」

入社してまだ日が浅いのに、上司にこんな〝ムチャ振り〟をされたとしましょう。さて、あなただったら、どう答えますか？
もしも、あなたが「できない」と答えるのであれば、先ほどと同じように〝もったいない〟話です。どちらのケースも未経験なだけで、やってみたらできるかもしれないのに、やる前から「できない」と自己暗示をかけているようなものですね。

サーフィンにプレゼン、どちらも「できない」という答えが浮かんだ人は、自分が「やらない」でいることを、「できない」と言い訳するクセがついてしまっているのかもしれません。「できない」と言っておけば、自分自身の怠けたい気持ちや弱さと向き合わずに済む――と、無意識のうちに決めつけてしまうのです。

とはいえ、100％怠惰人間、100％臆病人間がいるのではありません。怠惰や臆病は、「失敗を心配する前に、とにかくやってみる」という行動をしないでいると、いつの間にか心にこびり付いてくる垢《あか》のようなものなのです。

どんなことでも最初から上手にできる人はいないし、上手にできないのが当たり前。しかも、失敗は成功への特急券。だから、小さなことからでも「やってみる」が大事。うまくできないときには、誰かに教わればいいし、助けてもらってもいい。私たちが本当に「できない」のは、一人で生きていくことだけなのですから。

★生きる歓びがあふれだすルール1
あなたが「失敗」だと思うことも、成長に必要な経験。
「未経験」と「できない」を混同せず、とにかく「やってみる」が大切。

あなたの願いをかなえるシンプルな方法

「祈り」は願いごとの実現を妨げる!?

願いごとをかなえるために、祈る――。

私たちにとっては、ごく当たり前の行動ですね。ところが、祈り方によっては願いごとの実現を妨げてしまうと聞いたら、驚かれるでしょう。

その方は30代の女性。「お金がほしい」と、さまざまな「祈り」を続けられたそうです。しかし、経済的に恵まれることはなく、むしろ悪化の一途をたどっている――と、サロンを訪ねて来られました。

お話を伺ううち、ある思い込みが見つかりました。それは、「お金がないから愛されない」というもの。「きれいな服を着て、ハリウッドセレブ並みに整形やエステを施し、たくさんの最新家電を持ち、大盤振る舞いをしないと愛されない」という〝不満〟を無意識のうちに抱え込んでいたのです。加えて彼女は、お金持ちに対して「傲慢なのに優遇されている」と〝憎む〟気持ちを持っていました。こうなると、話は少々複雑になります。

つまり、「お金がほしい」と祈る（＝アクセルを踏む）行為のいっぽうで、結果として「不満や憎しみ」を強く意識してしまう（＝ブレーキをかける）が同時に起きてしまうのです。

祈りとはそもそも、信じる力によって現実をつくりだす営み。彼女の場合、「お金がほしい」という祈りは、皮肉なことに「お金にまつわる不満や憎しみ」を反芻《はんすう》（＝繰り返し意識）してしまう行為でもあったのです。

アクセルとブレーキを同時に踏めば、クルマが前に進まないばかりか、エンジンなどに余計な負担をかけてしまうことにもなるでしょう。彼女がいつまでたっても「経済的に恵まれない」理由は、実はここにあったのです。

願いがかなうと信じる「ありがとう」を！

たとえばあなたが、「最悪の状況など、想像してはいけません」と命じられたとしましょう。こう言われると、人は誰でも一度は「最悪の状況」を思い浮かべてしまいます。

ふと我に返り「想像してはいけない」と命じられたことを思い出したあなたは、その内容を懸命に打ち消そうとするでしょう。ところが、打ち消そうとすればするほど、「最悪の状況」を思い浮かべてしまうという悪循環に陥ってしまいます。

「不安から解放されますように」

「彼とケンカしませんように」

「仕事で失敗しませんように」
……。

これらもすべて、祈ることによって「不安」「ケンカ」「失敗」を強く意識することになり、願いとは反対の現実をつくりだす危険をはらんでいるのです。

では、私たちはいったいどうやって願いをかなえていけばよいのでしょう。ズバリ結論から言えば、感謝することです。

それも「ありがとう」という言葉だけでなく、心も一緒に喜ぶこと。心から「はしゃぐ」「楽しむ」、ときには「笑顔を生むために踊る！」なども必要です。

願いをかなえたいから「ありがとう」と口にするのではなく、願いがかなうと知っているから、自然に「ありがとう」と言える。ここがミソ！

願いがかなう前に感謝するということは、天や宇宙（＝祈りや感謝を捧げる対象）に対する〝信頼〟の証。信頼する気持ちがないまま、天や宇宙を操るために「ありがとう」と言っても、願いがかなうわけがありませんよね。

こうして感謝を重ねていくうちに、天や宇宙は「必要なときに必要なものを与えてくれる」ことが自然に理解できるようになります。そうなれば、そもそも〝求める〟必要もないことが分かってくるでしょう。


すでに私たちは人生を自由に選択する権利と、人生を最高に謳歌するエネルギーを持っています。そのエネルギーを発動させるために必要なのは、日々の生活や命あることへの喜び、そして感謝を表すこと。

だから大いに笑い、喜び、楽しむ――。天や宇宙は、私たちが人生を楽しんだからといって、決して罰など下しません。

天や宇宙の愛は「無条件の愛」なのです。

★生きる歓びがあふれだすルール2
願いをかなえるために必要なのは「心からの感謝」。

人生は〝喜び、楽しむ〟ことで自ずと開けてくる。

〝恐怖〟の正体

バンジージャンプはなぜ怖いのか

「ギャ〜！」という叫び声。すさまじい風圧と恐怖にゆがむ表情。ジェットコースター最前列に乗せられたタレントさんが、そのスリルと恐ろしさを実況——。テレビを見ていると、ときどきこんな番組がありますね。演出上、あまり得意ではない人が選ばれているようで、仕事とはいえ何だか気の毒に思ってしまいます。

さらに強力なのが、バンジージャンプ。

「ほんと、これだけは勘弁して〜！」と、しり込みする出演者。鉄骨で組まれたやぐらからは、20数メートル下のマットがハンカチよりも小さく見えます。

ジェットコースターに乗ったことのある人は多いと思いますが、バンジージャンプはいかがでしょう。経験のある方は〝ごく少数〟かもしれません。

では、あなたがバンジージャンプの台の上に立っている場面を想像してみてください。実際に飛んだ経験がなくても、イメージするだけで「怖さ」を感じると思います。

「落ちたらどうしよう」

「もし、ロープが切れてしまったら……」

考えただけで、足がすくんでしまいそうですね。

次に、女性に人気の「こんにゃくを使ったゼリー菓子」がテーブルの上に置いてあるところをイメージしてみてください。

先ほどのように、足がムズムズしてくるようなことは起きないでしょう。

バンジージャンプとこんにゃくのお菓子。では、実際に〝危険〟なのはどちらでしょうか……。

「当然、バンジージャンプ！」と答えられる方が多いかもしれません。が、実は命にかかわるような事故を引き起こす危険性が高いとされるのは、こんにゃくのお菓子のほうなのです。

バンジージャンプは国内のレジャー施設や河川などでもアトラクションとして行われています。いっぽうこんにゃくのお菓子は、食べ方について注意喚起がなされるなど、明らかに危険性をはらむものとして認知されているのです。ところが、想像の中ではバンジージャンプほどの「怖さ」は感じなかったはずです。

恐怖を生み出すものの意外な正体

なぜなのでしょう。それは、私たちが感じる「恐怖」の正体が、イメージで形づくられているからです。

バンジージャンプを「危険」と感じた方のほとんどは、実際に飛んだ経験をお持ちではないと思います。「高いところは苦手、嫌い」というイメージがイコール「バンジージャンプは危険」に結びついたのではないでしょうか。ところが、あなたが高いところを苦手とするか否かは、実はバンジージャンプの安全/危険には何ら関係がないこと。実態よりもイメージが先行して、「バンジージャンプ=怖いもの」という先入観に私たちが支配されているのです。

いっぽう、こんにゃくのお菓子は多くの方が食べた経験をお持ちでしょう。その結果「安全」というイメージが先行しているわけです。

考えてみれば、お餅にしたってそうですよね。毎年お正月になると「お年寄りがのどに……」という悲しいニュースが流れますが、普段私たちは「危険なもの」と思って食べてはいないと思います。

包丁もそう。リンゴの皮をむきながら、人の命を奪うことができる道具という意識は普通持ちません。

「お餅＝お雑煮に入れたり、焼いたりして食べるもの」「包丁＝キッチンに欠かせない便利な道具」というイメージが先行し、定着しているからです。

あなたが「怖い」「嫌い」と思って遠ざけているようなものでも、その「正体」を冷静に見つめてみると、実はまったくその必要がないもの――という可能性は少なからずあるのです。

「絶対失敗するから私にはできない」「今までずっと無理だったから」など、あなたが実際に行動する前に決めつけていることがあるとしたら、それが〝作り上げてしまったイメージ〟ではないか、と疑ってみてください。「単なる思い込みだった」と気づいた瞬間、あなたはそれまでの束縛から解放され、限りない自由を感じられるはずです。

イメージや思い込みの影響力は想像以上に大きいのです。

★生きる歓びがあふれだすルール3
私たちの「恐怖」はイメージで形づくられる。
あなたの「嫌い」も〝思い込み〟である可能性が高い。

会いたくない人にバッタリ会う理由

２種類の贈り物、どちらを開ける？

「あの人とバッタリ会ったら、いやだな」と考えていたら、まさに〝その人〟が前から歩いてくる――。誰にでも一度や二度は経験のあることでしょう。たとえばケンカをして仲直りをしないままの友達が近くに住んでいるとします。最寄駅が同じであれば、当然〝遭遇率〟も高いですよね。

このようなときには、「なぜその人に会いたくないのか」を考えてみてください。「会いたくない」のは単に「いやだから」ではなく、会うことによって起きるデメリットを考えているからです。

たとえば、

「自分が謝っていないことを再認識させられてしまう」

「いつまでも意固地になっている自分の〝大人げなさ〟を認めることになる」

など、バツの悪さがブレーキを踏ませているのですね。

しかし、こうしたバツの悪さを受け入れる覚悟を決めさえすれば、中途半端に放置してきた〝気分の晴れない〟状況をクリアにして〝その先〟へ進むことができるのです。

会いたくないと思う人に「会う」ことは、世界が常にあなたに対してギフト（贈り物）を届けてくれているという証《あかし》です。あなたがきらいであろうとなかろうと、その人に会うことには意味があるのです。

ギフトには、いかにもおいしそうなラッピングのものもあれば、そうでないものもあります。おいしそうなラッピングだけを開けるのではなく、今まで敬遠してきたようなギフトもぜひ開けてみましょう。「おいしくなさそうに見える」のは、あなたがそう判断しているだけなのです。

たとえば職場の先輩や上司にも、いろいろなタイプの人がいます。いいところを一生懸命に見つけてほめてくれる人もいれば、常に厳しく指導する人もいます。ほめてもらえるほうが「うれしい」のは間違いないのですが、本当に心に残るのは「言いづらいこと」をあえて口にしながら、育ててくれた人――。これは、よくあるパターンですね。

ネガティブな感情はあなたへのサイン

〝太り気味〟の体型を気にしている人が、ある人からズバッと指摘されてしまったとしましょう。いやな気分になり、激しく落ち込むかもしれませんね。

しかし、これもギフト！

自分の体型に満足していなかったにもかかわらず、指摘を受けるまでは「グラマラスな体型」と自分を納得させ、必要な努力を放棄していたかもしれません。

さまざまな出来事にイラッとしたり、「いやだな」「恥ずかしいな」と感じたりするような、いわばネガティブな感情や現象は、あなたにとって何らかのサインなのです。

ハッピーなことはあまり覚えていないのに、嫌な思いをしたことはきっちり覚えているのも、それが自分にとってより強いシグナルだから。不愉快なことであっても、そこに意識が向いてしまうのは、それだけ影響力があり、注目に値することだからです。

火災警報器のサイレンが〝不愉快〟な音で鳴るのも、これと同じ理由です。「いやな音だから耳をふさいでいた」では、逃げ遅れてしまいます。不快なものとして届けられるギフトを「いやだから避ける」のではなく、「自分へのアドバイス」と受け取ってみてはいかがでしょう。

★生きる歓びがあふれだすルール4
「会いたくない人」は世界からあなたへの贈り物。
ネガティブな感情や現象こそは、大切なサイン。

なぜか不幸でいたがる残念な人たち

不幸上手は言い訳上手

スピリチュアルカウンセラーの主な仕事は、文字通りカウンセリングやコーチング。

2010年に自前のサロンを立ち上げてから2年半の間だけで、延べ1000件以上の個人セッション、カウンセリングを重ねてきました。

相談に来られた方の中には、アドバイスをぐんぐん吸収し実生活に活かしている人がいるいっぽう、まったくと言っていいほど活かせない人もいます。

「この差は何なのだろう」

と、長く疑問を感じてきました。

原因は生まれつきの性格や、生まれ育った環境などではありません。なぜなら、活かせない人もずっと活かせないままなのではなく、多くの場合、ある時点から急に活かせるようになるからです。

「では、一体どうして？」

この謎さえ解ければ、誰もが一分一秒でも早く、もっとハッピーになれる！　私は過去の記録を振り返ってみることにしました。

1000件以上の事例についてカウンセリング内容はもちろん、年齢、性別、家族構成、地域、血液型から星座まで調べ、ようやくひとつの結論にたどり着きました。

原因は、「言い訳」。カウンセリングの内容をすぐに活かせない人は例外なく、さまざまな言い訳を口にしていたのです！

「不幸上手は、言い訳上手」――。あなたは、大丈夫でしょうか？

幸せになりたかったのは誰？

言い訳には、さまざまなタイプがあります。ここで代表的なものをご紹介していきましょう。

【ため・せいタイプ】

「あの人のせいで」「あの人のために」などと、自分の行動の責任を常に他者に転嫁する。

【いま・まだタイプ】

「今は時期じゃない」「まだ私には早い」など、取りかからないことを時間や時期のせいにする。

【けど・でもタイプ】

さまざまな事柄に対するリアクションが「けど」「でも」など否定から入り、そこで思考を止めてしまう。

【できないタイプ】

自分の怠惰や臆病に向き合おうとせず、「できない」という言葉で行動することから逃げてしまう。

【ちゃう・ちゃうタイプ】

「つい○○しちゃう」「どうしても○○ちゃう」など「動詞+ちゃう」を多用して〝抵抗しない〟ことと、〝抵抗できない〟ことを混同してしまう。


ほかにも【たら・ればタイプ】や【だって・だしタイプ】などがありますが、いかがでしょう。あなたの行動パターンに当てはまるものも、見つかったかもしれませんね。

こうした言い訳を耳にしながら、私がお伝えしていることはただひとつ。


「幸せになりたいのは誰だっけ?」

ということです。言い訳をしている限り改善への変化は起きません。言い訳は誰の得にもならないのです。

では、これほど〝百害あって一利なし〟の言い訳を、なぜ私たちは口にしてしまうのでしょう。

それは「変化の先にいる自分」に対して「従来の自分」を擁護するためです。変化は、たとえそれが〝良い変化〟であっても、変化する前の人にとっては、少しばかり怖いものなのかもしれないですね。

しかし、変化すること＝成長を望んでいるのが自分であれば、「従来の自分」を生まれ変わらせる覚悟を、早く決めてしまうことをオススメします。

これ、明らかに「決めちゃったモン勝ち」なのですよ！

★生きる歓びがあふれだすルール5

「言い訳」は不幸のままでいる最強の方法。

成長を望むなら、まず従来の自分を認めて〝手放す〟覚悟を決めよう。

「あなた色」は何色ですか？

あなたは「自分の色」をご存じですか

日頃から不思議に思うのは、常に他人との違いを気にする方のことです。「あの人はモテるのに、私はモテない」に始まって、仕事、恋愛、日常生活に至るまで、自分が標準的、平均的でないと、なぜかソワソワしてしまう――。

そんな人に会うたびにお伝えするのは、「違っていて、い～んです！」というひと言。それだけでは〝腹にオチナイ〟ときには、よくこんな話をしています。

「24色のクレヨンがあったとしますね。その中でいちばん〝偉い色〟って何だと思いますか？」

ご想像のとおり、偉い色なんてありません（好き嫌いで色の価値が決まるものでもありません！）。24色なら24色すべてあって初めてクレヨン。赤色だけのクレヨン、青色だけのクレヨンでは、私たちの目の前に広がる世界を描くことができません。

これは「人」も同じです。あなたは、あなたの色。誰かと「同じ色（＝人）」になる必要はまったくないのです。

ところが、ときどき「自分の色」をアタマから否定してしまう人がいます。「私の色には価値がない、魅力がない、役に立たない」――。こういう人はまだ「自分の色」と正しく向き合えていないケースがほとんどです。あるいは役立たないと決めつけて、役割を発揮することから逃げているパターン。これではいつになっても自分に自信や誇りを持つ機会が訪れません。

もちろん人よりもマイナスが目立つ部分もあるでしょう。しかし、それをすべて含めて「あなた色」です。マイナス面しか見えないとしても、今はまだプラス面を知らない、もしくはプラスだと気づいていないだけなのです。

「苦手」なことに向き合うメリット

たとえば、私も例外ではありません。果物が大好きなくせに〝むく〟のは苦手で大嫌い！　だからできる限り自分では〝むく〟ことはしませんし、「世界中の果物が皮ごと食べられればいいのに」と真剣に考えてしまうほど。そんな私を否定的に見れば、「家庭的でない、女子力が低い、わがまま」と評価されてもおかしくないですよね。

しかし、そのことで嫌われたり、非難されたりしたことは一度もありません。それどころか、誰かが「もう、しょうがないなぁ」と言いながら〝嬉々として〟むいてくれたり、むかなくても食べられる果物の差し入れをしてくださったり……。自分の「苦手」のおかげで、皆さんにはそれぞれの得意技を発揮してもらうなど、「ありがたいこと」をたくさん経験できているのです。

私が「私の色」のままでいるからなのでしょう。不思議なことに、自分ではカバーできない「色」を持つ人が集まってきてくれます。たとえば、人をまとめる、仕切る――という色を持った私の周りには、ビジネス文書がきちんと書けたり、法律の知識があったりなど、それ以外のことが得意な人がなぜか多いのです。

それぞれが「自分の色」を発揮していると、チームとしてのバランスが自ずと取れてきます。私自身も得意なことに集中できるからストレスも感じないですし、ワクワクしながら仕事に臨めるわけですね。

どうしても「自分の色が分からない」という人は、本当に自分が喜んでできることを見つけて、それに集中する時間をつくってみてください。

すぐに見つからなくてもＯＫ。そんなときには、自分が「あの人、ステキ！」と思う人の〝マネ〟から始めてみてもいいでしょう。私たちは好きなことや得意なことに集中しているとき、時計を見るのも忘れるほどのワクワクを感じます。それは「自分の色」を出せている喜びなのです。

周りにいる人に「私のいいところを５つ書いてみて！」と、思い切ってお願いしてみるのも良い方法です。あなた自身がまだ気づいていない素晴らしさ、「あなたの色」がきっと見つかりますよ。

★生きる歓びがあふれだすルール6
あなたは、あなたの色。誰かと同じ色（人）になる必要はない。
「自分の色」を見つけるには、好きなことに集中を。

幸福・不幸を左右する習慣

できない理由を考える名人がいる？

世の中には「ほぼ確実にハッピーになれない」習慣があります——。決してジョークではありません。そんな方法があるのだとしたら、その〝逆〟を実践していけばよいのです。
その習慣とはズバリ！「責任転嫁」です。

あなたには、こんな傾向がないでしょうか？

「困難に直面したとき、できない理由、やれない理由を、時間や距離などの物理的な要因や金銭、健康、家庭環境などあたかも〝仕方がない〟と言ってもらえるようなことに求める」――。

こうした傾向に当てはまる人は要注意。典型的な「責任転嫁タイプ」です。

本当は自分自身が「やりたくない」「やらない」と考えているにもかかわらず、「○○だからできない」と何かに責任を転嫁し、あたかも「本意ではないけれども〝ノー〟と言わざるを得ない」と装うのです。

人が「できない理由」を饒舌に語るのを聞くと、自分の身を守る得策のようにも映りますが、実はこの「できない理由」を考えることは、とても危険なのです。

「できない理由」とは反対に「どうしたらできるか」を常に考えるタイプの人もいます。こういう人は、自分が置かれたさまざまな状況の中で、常に自分にできる最善策を考えることが習慣となり、自ずと「どうしたらできるかスキル」の反復練習ができます。その結果、臨機応変な判断力、行動力などが自ずと身についていくのです。

言い訳しない人だけがハッピーに

たとえば海外など言葉も通じないような環境で長期間生活した人は、さまざまな方法で意思疎通を図ろうとするなど日々試行錯誤を続けます。文字通り「どうしたらできるか」を、否応なしに考えさせられるのです。こうした経験は語学力だけでなく、その人の〝人間力〟を確実に高めてくれます。

このような人たちは一見〝ノーチャンス〟と思えるようなことであっても「どうしたらできるかスキル」で乗り越えようとします。その結果、より多くのチャンスに出合い、さらにスキルを高めることができる〝好循環〟をつくり出せるのです。

一度の人生という時間の中で〝自分〟を最大限に輝かせていける、とてもハッピーな生き方ですよね！

こうした「どうしたらできるかスキル」を身に付ける環境としては、便利すぎる日本国内はあまり適していないと考えられます。なぜなら海外などと異なり、困難を突破するスキルを発揮する場面自体を避けて生きることも容易だからです。

いっぽう「〇〇だからできない」が口癖になってしまうと、本来やればできることでも面倒に感じて「できない」と言い始めてしまいます。やがては、やらないでいることが「何となくラクだ」という幻想にとりつかれてしまうのです。

「○○だからできない」を繰り返すことは、言い訳の反復練習。その結果、立派な「できないマスター」になってしまうのです。

自分自身を磨けるチャンスを「○○だからできない」の言い訳でことごとく逸してしまえば、自分の存在や素晴らしさを発揮する場面も失ってしまいます。こうなると、自分に自信を持つ機会も失うという悪循環のスパイラルに――。

そして、いつの間にか「○○だからできない」は「私はできない」に変化してしまうのです！

この状況が続いてしまうと、かなり厄介です。たとえ何かに興味を持ったとしても、すぐに「私はできない」が発動。せっかくのチャンスをみすみす逃してしまうのです。

何に対しても興味がわかない、感動しない、好きになれない――など、心が栄養不足を起こしてしまう前に、「できないマスター」の看板はさっさと返上するようにしましょう！

★生きる歓びがあふれだすルール7
厳しい環境に身を置くことが人間力を育てる方法。
「できないマスター」の看板は返上を！

チャンスをモノにする人の思考回路

〝万全の準備〟を待てるほど人生は長くない！

チベットの高僧が使うことで知られる「シンギングボール」という法具があります。数種類の金属で作られたボウル状のもので、その音色には集中力を高める効果やヒーリング効果などがあるとされています。

かつて知り合いから、このシンギングボールを使って演奏会をしてくれないか？　という打診を受けたことがありました。それも3日後に、という〝ムチャ振り〟。しかし、そのお

話をいただいた瞬間、
「それ、私に任せてください！」
と、それこそ〝脊髄反射〟並みのスピードでお答えしたのです。

自信があったわけではありません。実を言うと、その時点ではシンギングボールは2つしか持っていなかったですし（演奏には5～6個以上が使われることが多い）、もちろん演奏会の経験はゼロ。個人のお客様の瞑想やヒーリングに使っていただけで、大勢の前である程度の時間、演奏する――など、まったく未経験だったのです。

経験もなく肝心のシンギングボールさえ十分に揃っていない状況。もしもあなただったら、どのように判断されたでしょうか。常識的に考えるなら、仮に依頼を受けるにしても〝即答〟はしづらいところでしょう。

しかし、私の返答は無謀（？）にも〝速攻〟ＹＥＳ。なぜなら、当日までにあらゆる要素を「ＹＥＳ」にする覚悟があったからです。

「準備不足」「自信がない」「経験がない」これらはすべて〝やらないための理由〟。それ以前に、準備、自信、経験が揃うのを待てるほど人生は長くないのです！

シンギングボールが足りないなら、大急ぎで手に入れればいい。演奏に自信がないなら、納得できるまで練習すればいい。演奏会が未経験なら、今回が絶好のチャンス。与えられた状況の中でいかに柔軟に対応し、自分のキャパシティーの中で可能な限りのことを「するか、しないか」なのです。

失敗は排除ではなく歓迎すべきもの

この種の判断を迫られる場面で気になるのは「うまくできる／できない」あるいは「経験、実績、自信、勝算がある／ない」になりがちです。すなわち、「成功するか／失敗するか」に関心が集中してしまうのが普通です。

ところが、「成功／失敗」は実は問題ではないのです。なぜなら失敗はカッコ悪い、恥ずかしいと「成功／失敗」に固執するのは自分自身の欲やプライドの部分。その時に私が求められた判断は「演奏会の成功／失敗」ではなく、あくまでも「演奏会をやる／やらない」だったはずです。

もしも私自身が「やりたい／やりたくない」の2択で「やりたい」を選択すると決めたな

らば、次に考えるべきは「成功／失敗」ではなく、「やる／やらない」の「やる」を選択することだけなのです。

もちろん、失敗すれば恥ずかしい。できれば失敗しないように最大限の努力を払います。しかし、失敗を自分の人生から排除するために逃げることは考えません。なぜなら、失敗をたくさんすることが成功への近道だということを〝幸福上手〟の人はよく知っているからです。

つまり失敗は恐れるものなどではなく、むしろ成功のために歓迎すべきものなのです。失敗を恐れず（歓迎し）堂々と振る舞えば、仮に失敗しても「失敗したように見えない」でしょう！

失敗は決して〝終り〟ではありません。しかし「やる／やらない」の「やる」を選択しなければ、次のチャンスは永遠に来ないと考えるべき。そのほうが、よほど恐ろしいのです。

そして、３日後――。

私にチャンスをくださった方は心から喜んでくれました。仮に〝ブーイングの嵐〟だったとしても、「無理と思えることでも、挑戦すればば道はひらける」という自信を得たことに、私は満足できたと思います。

成功につながる自信は、チャレンジによってのみ育まれます。挑戦の後の充実感は、結果を問わず〝最高〟ですよ！

★生きる歓びがあふれだすルール8

チャンスは準備不足のときに訪れる。

失敗は成功のために歓迎すべきもの！

魔法の言葉「あなたは私、私はあなた」

感謝してもいないのに唱える感謝って？

サロンに相談に来られる方のお悩みで最も多いのは、やはり「人間関係」です。

仕事も恋愛も家族もお金のことも、人間関係なしには考えられません。わずらわしさやトラブルを避けたくても、いっさいの人間関係を断つことは不可能。人は一人では生きていけないのです。

他者と関わるのであれば、できればイライラしたくないですし、嫉妬したり、うらやましがったりすることなく、良い関係をつくれるといいですよね。嫌な気持ちを抱くことなく、自分自身のことも好きになれたら……？

そんな思いにお応えする〝魔法〟のような方法をご紹介していきましょう。

たとえば「ある言葉」を唱えているだけで幸せになれたり、お金持ちになれたりするというような考え方は今までにもありました。ところが少々〝アマノジャク〟な私は、感謝してもいないのに感謝の言葉を唱えたり、やみくもに幸せの基準を下げて何でもありがたがったり――などが苦手だったのです。

これらを実践され、成功された方もいます。ところが、こうした人の中にはあまり「幸福そうな人」という印象を受けない方も少なからずいらっしゃいます。「ポジティブでいなければならない」というある種の強迫観念にとらわれているようで、無理にはしゃいだり、「快」の感情表現がオーバーだったりと、あるがままの姿には見えないのですね。

唱えることによって改善できる点は魅力ですが、もっと心の底から「幸せ」を楽しみたい！　そんなあなたにぜひオススメしたいのが、「あなたは私、私はあなた」という短いフレーズです。

怒りは成長のサイン

まず、人間関係に悩む人がハッピーになれない理由を考えてみましょう。

ひとつは「誰かに対して怒りを感じている」ということ。実はこの「他者に向けられた怒りの感情」はかなり厄介です。なぜなら他者の行動はコントロールできないですし、冷静さを欠いた状態では自分の改善チャンスが見えにくいのです。

そんなときに有効なのが、魔法の言葉「あなたは私、私はあなた」。落ち着くまで繰り返してみると「自分が何に対して怒っているのか」が見えてきます。過去の自分の至らなさ、醜い側面、大きくなり過ぎた自尊心などを〝相手の中〟に（鏡のようにして）見出すことができるからです。

怒りの感情、怒りを感じる状況や場面は、単にネガティブな要素として排除してしまえばいい――というものではありません。「無視しようとしても、どうしても気になる」「思い返しても腹が立つ」のには理由があります。

「嫌い」とか「ムカつく」は、とても強い感情。魂の成長に必要だからこそ、分かりやすく表れてくるのです。

魔法の言葉の使い方

「あなたは私、私はあなた」は、さまざまな場面でとても有効です。試しにいくつかのシーンで一緒に使ってみましょう。

【1】電車待ちの列におじさんが割り込んできた。そこで「あなたは私、私はあなた」。「私が先に並んでたのに、ムカつく！」ではなく、「もしも私がおじさんのように急いでいたら……」と、譲る心を取り戻せます。また、実際に譲ったところでたいした損失ではないことに気づくでしょう。笑顔で譲れば心がほっこり。それが相手にも伝わって、優しい気持ちを共有できます。

【2】たばこをポイ捨てしている人を目撃。そこで「あなたは私、私はあなた」。その行為自体を歓迎するわけではありませんが、自分がかつて犯した小さなルール違反を顧みるきっかけになります。〝いらだち〟よりも正義感や自尊心を大切に行動すべきことに気づくでしょう。

【3】高圧的な上司が許せない。そこで「あなたは私、私はあなた」。自分の中の高圧的、感情的な部分を冷静に見つめることができ、上司に対する怒りではなく、上司、そして自分の〝在り方そのもの〟に意識を向けられます。相手の立場や権威に対して敬意を払ってこなかったことに気づけば、自分自身の立場や権威の肯定にもつながります。

【４】子どもが言うことを聞かない。そこで「あなたは私、私はあなた」。

子どもをコントロールしようとしている自分に気づいたり、実は自分自身の行動に対してイラついていることを自覚できたりします。コミュニケーションは〝ぶつけ合い〟ではなく〝交わし合い〟。このことに気づけば、他者との摩擦や衝突も自ずと解消に向かいます。

このように「怒り」には成長のための〝気づき〟がいっぱい含まれているのです。活用しない手はないですよね！

「あなたは私、私はあなた」は腹が立ったときだけではなく、ステキな人を見かけたときにもオススメです。輝いている人、幸せいっぱいの人を見たらすかさず唱えます。

すると、今までのようにうらやましがったり、ひがんだりするのではなく、他人の幸福を心から喜び、祈りたい気持ちがわき上がってくるでしょう。

その人の素晴らしさや美しさに気づけるのは、あなたの中にそれをキャッチできる視点があるから――。つまり、あなたの素晴らしさの〝証明〟です。

このことに気づくと、自分自身をもっともっと好きになれますよ！

★生きる歓びがあふれだすルール9

「怒り」は成長に必要。ネガティブだからと排除すべきでない。
「あなたは私、私はあなた」は調和と成長をもたらす言葉。

記憶をさかのぼるなら、恨みより感謝を！

「それは終わったこと！」が最良の対応

「ヒーリング」という言葉をご存じでしょう。日本では「癒やし」と訳されることが多いですね。ヒーリングには次の2つの種類があります。ひとつは肉体的ヒーリング、そしてもうひとつが精神的なヒーリングです。

スピリチュアルサロンの看板を掲げていても、身体的な不調を訴えて肉体的ヒーリングを求める方がときどきいらっしゃいます。そういう方には申し訳ないのですが「即！　通院」をオススメしています。サロンは病院ではないですからね。

では、精神的ヒーリングを求める方にはどんな接し方をしているのか――。実は私の場合、よく言われる「過去のトラウマ」などには決して触れないようにしています。

「どんなことがあったの？」と聞けば、たとえば「親にこんなふうに扱われて……」と、その方は記憶をたどりながら話してくれます。しかし、そのたびに〝当時のストレス〟を再び受けてしまうのですね。いわば記憶のサルベージ（掘り起し）の副作用です。

実は「忘れてしまう」のが一番のヒーリング。そのことにはいっさい触れないか、あるいは「うん。でもそれは終わったことよね～！」と、あえて〝ぞんざい〟に対応してあげるのです。そのほうがご本人にはプラスだと私は思うのですね。

もしも私が「そんなことがあったんだ。かわいそうだったね～」と言えば、その方の過去を「かわいそうなもの」と認定してしまうことにもなります。そして、とっくに終わっているにもかかわらず、その方はまるで「負の勲章」のように自分の過去と一緒に歩む結果になるのです。これは、賢明な対応ではないですよね。

「恨み」が増幅するメカニズム

記憶のサルベージ（掘り起し）でいえば、注意したいのが「恨み」です。

仮にあなたが誰かに対する「恨み」を抱えているとしましょう。時間が経てば徐々にその気持ちも〝薄れる〟のが普通ですが、実際は〝まるで昨日のことのように〟辛さや苦しさを感じてしまいがちですね。

それは「恨み」を持つ原因になった過去の出来事の記憶をサルベージすることによって、恥ずかしい思いや怒り、悲しさなどを反芻《はんすう》しては「恨み」を何度も上書きし、記憶が褪《あ》せるのを防いでいるからです。

こうしてストレスを引き起こした状況を頭の中で反芻すると、レモンを想像するだけで唾液が出るのと同じ理屈で、俗にいうストレスホルモンのカテコールアミンやコルチゾールが分泌され、緊張したり心拍数が上がったりと肉体にまでムダに負担をかけてしまいます。

こういう場合も、先ほどのトラウマと同様「はい。もう終わったこと！」と考えるのが一番。記憶自体が何度も掘り起こされることによって増幅されてしまい、嫌な感じや腹立たしさがもともとの記憶内容より際立ってしまうのです。

同じ記憶をさかのぼるのなら、「感謝」の気持ちを反芻してはいかがでしょう。うれしかった出来事、そのときの気持ちをサルベージして維持、増幅させていけば、それと反比例するように不安感などマイナスの記憶の伝達効率が低下。今度は俗にいう脳内麻薬・エンドルフィンの分泌が促され、行動や思考、態度に余裕が出ることになります。

この余裕は、他者に対する愛のある優しさにつながり、あなたの周りに愛と感謝があふれ始めるのです。

★生きる歓びがあふれだすルール10

過去の出来事を引きずらず「終わったこと」と切り離そう。
「感謝」の気持ちをさかのぼると愛と感謝の連鎖が始まる。

第2章

感謝と目標は〝成長〟のエネルギー

「ありがとう」でハッピーをシェアしよう

感謝のループはエンドレス！

毎年お正月が終わってひと息つく頃になると、デパ地下や洋菓子店などに人だかりができますね。そう、おなじみのバレンタインデー。1カ月後のホワイトデーを含め、今や国民的な行事——と言ってもおかしくないくらいです。

せっかくのイベントですから私も毎年ちゃっかり便乗して、いつもお世話になっている人や大好きな人たちに、義理チョコならぬ〝感謝チョコ〟を贈るようにしています。すると、「ありがとう」を伝えたくてチョコを贈ったのに、

「おいしかったよ、ありがとう！」

と、思いもよらぬ〝ありがとう返し〟。こちらもまたまたうれしい気持ちにさせてもらって、

「いえいえ、こちらこそいつもありがとう！」……。

まさに〝ありがとうループ〟発動です！　私がチョコをいただいた場合も、もちろん〝ありがとうループ〟。まさに、エンドレスなのです。

中には「バレンタインはお返しが面倒だから」という敬遠派の方もいらっしゃいますよね。確かに〝義理〟で贈ったり贈られたりするとなると、二の足を踏んでしまうかもしれません。私の場合は普段の「ありがとう」をイベントに便乗してチョコのカタチで贈っているだけ。そもそも負担とは感じないですし、想定外の〝お返し〟をいただいてしまうと、今度は一気に〝お返しループ〟に突入です。

「ありがとう」と言える、そして言っていただく……こんなに幸せなことはありません。ですからチャンスと見れば、私はいつでも「ありがとう」。〝小難しい〟理屈をこねる時間があるのなら、その分、人生は楽しんだほうが良い！のです。

「ありがとう」は魔法の言葉？

とにかく「ありがとう」と唱えるとラッキーになる！　というような話は、ずいぶん昔からありますよね。

一人でつぶやいてみたり、口に出してみたりするのも悪くはないと思います。しかし誰かに、もしくは何かに対して「ありがとう」を言える機会は、探してみればたくさんあります。

そもそも「ありがとう」は、相手（対象）がいて初めて生きる言葉。自分だけのハッピーを考えて唱えるのではなく、誰かとハッピーをシェアできれば、それが一番。自分一人でどれだけたくさんの「ありがとう」を唱えたとしても、「ありがとう！」と一緒に喜んでくれる人がいる幸せにはかないません。

どうしても「ありがとう」を言うチャンスが見つからないという人は、普段「すみません」と言っている場面を「ありがとう」に置き換えてみるだけでもＯＫ。それも心からの感謝を込めて言えれば、ハッピーも2倍、3倍と増えていきます！

「言いたいと思っても、ウチの職場は『ありがとう』が言いづらい雰囲気で……」

という方もいらっしゃるでしょう。そんなときは、あなたが率先して「ありがとう」と言って、周りを〝ハッピー色〟に染めてしまうのです！

「ありがとう」は、言うのも言われるのも気持ちのいい言葉。最初は「照れくさい」などと言う人がいたとしても、その気持ち良ささえ思い出してもらえればハッピーが広がります。

ぜひ、言い出しっぺを引き受けてみてください。

★生きる歓びがあふれだすルール11
感謝の気持ちをどんどん伝えて、人生は楽しんだモン勝ち！

職場の雰囲気を変えるなら、あなたが「ありがとう」の言い出しっぺに。

私が「割り勘」をしない理由

誘った側の当然の行動？

「デートは割り勘で！」

という若い人たちが増え、今や主流だそうですね。しかし、私の場合は少し違います。

たとえば誰かを誘って食事をするとき、極力相手にはお財布を触らせないのです。こう話すとたいていの人が「？」という表情になるのですが、もともと私が誘ったのですから割り勘にもしません。私の誘いに対して〝時間を作ってくれた〟ことに対する純粋な感謝のカタチなのです。

これは相手が男性でも女性でも、年上、年下でも変わりません。尊重し感謝する心、聞く姿勢や学ぶ姿勢を示すうえで、誘った側の当然の行動だと考えているのです。

では、相手にも同じことを求めるかと聞かれれば、それは明確に「Ｎｏ」。とはいえ、昔から言われているとおり、自分の周りには〝似た人〟が集まってきます。自分が誰に対しても感謝を忘れずにいれば、結局は同じような考え方やスタンスを持った人、あるいは持とうとしている人が友人として残ってくれるのです。

「何を大切にするのか」という価値観を共有できる人であれば、私の振る舞いについても自然に理解してくれていると思います。

付き合いが長くなってもこの姿勢は変わりません。いっぽうこんな私に付き合ってくださる人たちも「おごってもらって当然」というスタンスではないことは言うまでもないでしょう。

ご一緒する方たちは金銭というカタチではなくても、私にとっての学びや感動、叱咤などさまざまなものをプレゼントしてくれます。それはその場での数千円の現金よりもはるかに価値があるもの。ですから、私のほうも逆に「おごってあげている」という気持ちにはならず、むしろ「ありがとう」で一杯になるのです。

〝いいとこ取り〟をし合える関係をつくる

こうした時間は、まさにプライスレスな価値というべきものです。

余計な〝しがらみ〟とは無縁。自分の意志で希望した相手に時間を共有してもらう。その結果、日頃フォローし切れていなかったさまざまな知識や刺激をシェアし合うこともできる。お互いに有意義な時間や思考を生み出すことで成長し合うことができ、お互いに〝いいとこ取り〟をし合えるのです。

単に飲食代であれば、割り勘もあり得るかもしれません。しかし、私が支払うのは、こうした本来〝値段のつかない〟もの。つまり、希望した時間、得た知識、相手を選ぶ権利、私のわがままを貫くうえでの謝意、接することで得たモチベーションや経験。――そして、これらすべてに対する感謝。

その人の失敗や苦労に裏づけられた「生きるうえでの重要な知恵」を、仮にお金で買おうと思えば、ひと財産が必要になるはずですね。それがディナー代で学べてしまうのです！

「おごる」ということについて私の考え方をお伝えしてきましたが、人それぞれ相違点はあって当然。皆さんには皆さんのスタイルがあって、もちろんいいのです。

とはいえ、レジの前で「ここは私が。いいえ、私が……」をしている女性たちを見ていると、少し悲しい気持ちになります。せめてそういうところはスマートにいきたいですね！

★生きる歓びがあふれだすルール12
「おごる」のは時間を作ってくれたことへの感謝の気持ち。
プライスレスな価値を共有できる関係は〝お金〟より貴重。

チャーミングなオトナになる！

「若く見える」はいいことか？

世の中には実際の年齢よりも若く見える人もいれば、少し老けて見える人もいます――。

さて、あなたはどちらでしょう？


「失礼ですが、おいくつですか？」

つい最近、私もこう聞かれ、正直に答えたところ、

「キャ～、見えな～い！」

と〝手を叩きながら〟言われてしまったばかりです。


「若く見える」と言われるたびに思うのは、年相応に見えないのが、なぜ〝いいこと〟とされているのかという点です。もちろん相手に悪気があるのではなく、純粋に外見や雰囲気をほめてくれたのでしょう。ところが、なぜかこの「若さ至上主義」のような価値観が好きに

なれないのですね。

ほめていただきながら贅沢なのですが、「若さ」ではなく、たとえば経験、知識、成熟、生き方――。いわば「オトナっぷり」に注目してもらえれば、もっと素直に喜べると思うのです。

「若さ」よりも「オトナっぷり」が大切。なぜなら「若さ」は、いわば誰でも持っている期限つきの〝特権〟のようなもの。いつかは必ずなくなってしまいます。さまざまな知識によって裏づけられ、経験によって深みを増していく「オトナっぷり」とは、そもそも価値が違うのです。

お酒の席などでたまに見かけるのは、結構〝いい年〟をした大人が若い人に「え～っ！ぜんぜん見えな～い」などと言われ、悦に入っている場面。見ているこちらが、恥ずかしくなります。

見ず知らずの方に申し訳ないのですが、あれは「若い」というより「浅い」ですよね。生き方として美しくないのです。

責任が取れるから無茶もできる

20代の頃の私は〝年上〟に見られることがうれしかったですし、30代、40代の先輩方を見ては「早くあんな女性になりたい」と願っていたものです。ところが「若さ至上主義」では、年齢を重ねることに喜びが伴わないのかもしれませんね。

そして私自身が〝いいオトナ〟となった今では、逆に子どもっぽく振る舞うことを楽しめるようにもなりました。以前は懸命に大人ぶったのですが、今度は〝子どもぶる〟特権を手にしたオチャメなオトナ……というわけです。

肉体的な年齢は、多少の個人差はあっても万人がほぼ平等に、当然のように重ねていくもの。いっぽう、経験、知識、成熟、生き方――つまり「オトナっぷり」は、きちんと年齢を重ねた人だけに与えられるピカピカの「メダル」のようなものです。

「若さ」が劣化していくメッキだとしたら、「オトナメダル」は正真正銘の金。もしも人間の価値イコール細胞の「若さ」だったとしたら、生きれば生きるほどメッキが剥げて価値を失ってしまうことになります。いっぽう金でできた「オトナメダル」は、時間の経過とともに〝輝きが深みを増す〟のです。

さあ、オトナになりましょう。

あなたもオトナを楽しみましょう！


必死に若さを保つ必要などないのです。落ち着きと遊びゴコロが同居した〝チャーミングなオトナ〟になってみてはいかがでしょう？

長く生きている分、遊び上手で心も強い。責任が取れるからこそ無茶もできる。子どもよりボーダレスでスリリング。子どもと比べてオトナが不便だと感じるのは、ディズニーランドの入園料くらいです！

年齢を重ねるのは実に素晴らしいことです。くたびれてボロになるのではなく、熟成されてヴィンテージになるイメージで！　ピカピカの「オトナメダル」を集めて磨いて、ステキなマダムとムッシュになりましょう。


あなたも子どもの頃、きっとこう思ったことでしょう。

「大人ばっかり、ズルい」

それを実現できるのが、まさに今なのです！

★生きる歓びがあふれだすルール13

「若さ」より「オトナっぷり」が大切。

〝子どもぶる〟特権を手にしたオチャメなオトナになろう。

人生が変わる〝お金〟の使い方

お金は〝なくなるもの〟ではない!?

家賃を振り込み、光熱費を口座に準備し、食費を封筒に……。

「あ～、今月はお金がない！」

あなたにも経験があることでしょう。

たとえば毎月のお給料が20万円だとすると、食費、家賃、光熱費、交通費、デート代などなど……確かに20万円分の紙幣は徐々に手元を離れていきます。

しかし、このお金は盗まれたわけでも、無くしたわけでもありません。それぞれが食事、部屋、電気や水、旅行や服と〝交換〟され、あなたに命、安全、便利さ、思い出などをもたらしてくれたのです。

このこと、意外と忘れていませんか――？

言い換えれば、生まれてから今日まで「自分にかかったお金」は、消えたり無くなったりしてはいないのですね。何かにカタチを変えて残っているのです。想像すると、不思議な感じですね。

改めて考えてみると、お金はとても便利。唯一、目に見える「交換ツール」です。

たとえば1万円の価値のある果物があったとしても、それを使って1万円のワンピースは買えないですよね。しかも、果物はいずれ腐ってしまいます。1万円札なら腐ることはないし、1万円の果物、1万円のワンピースといつでも交換できるのです。

しかもドラッグストアのポイントカードや商店街のお買物券とは違って、使える場所の制限がありません。

この使い方では、確実に損をする！

あなたがステキなワンピースを1万円で買ったとしましょう。

その時点では1万円の価値のままですが、たとえば肌触りが良くてゴキゲンになれる！　スタイルが良く見える！　デートに着ていったらほめられた！……など、衣服としての機能以外の喜び、思い出、経験など、お金では買えない価値を生み出してくれるはずです。

カード会社のＣＭではありませんが、こうしたプライスレスな価値に値段を付けたとしたら、１万円以上のものになるかもしれません。

今度は、あなたが千円のワンピースを買ったとしましょう。あまり好みではないけれど、「とりあえず安いから買っておこう」と購入したと想像してください。さて、このワンピース。あなたにどんな価値をもたらしてくれるでしょうか。

もちろん安くてもステキなものは、たくさんありますよね。それが「好き」であったり、

「気に入っている」のであったりすれば、値段は関係ないでしょう。

ところが、「安いから」買ったものは、結局その後の満足度や使用頻度が低いままではないでしょうか。たとえ購入時にコスパが良く思えても、実際の物品としての価値が期待を下回り、「クローゼットを開けるたびに後悔している」など、ヘタをするとマイナスを生んでいるかもしれません。

値札だけを見て買う人と、自分にとっての価値に対してお金を払う人では、同じお金を使ってもその後の満足感やプライスレスな部分などで大きな差が開いてしまいます。

節約は大事ですが、お金を〝ケチっている〟人の多くは、結局〝損をしている〟ケースがほとんどなのです。

お金が増えるお金の使い方

知り合いに、自己投資にお金を惜しまない人がいました。特別に裕福なわけではないのですが、高額な勉強会に〝即決で〟参加したり、仕事用の衣服や道具、交通費などにビックリするくらい気前よくお金を使ったりしていたのです。

もちろん節約すべきところは節約していたようでしたが、私は気になって理由を聞いてみました。すると、

「10万円を使って100万円を稼げればいい。自分自身が〝お金をかける価値のある人間だ〟ということに疑いを持っていないんだ」

と、事もなげに答えてくれたのです。

その後の彼はその言葉通り投資した以上のものを得て、金銭面はもちろん経験や知恵、信頼や人脈を着実に増やし、彼自身も洗練された人になっていきました。

「使う、減らす、無くなる」ではなく、「活かす、増やす、価値以上の喜びを得る」に焦点を当てると、お金は「それ以上の価値」となって戻ってきてくれるようです。そして自分自身が「投資に値する人間」であると信じれば、人生を変えていくチャンスさえ訪れるのです。

★生きる歓びがあふれだすルール14

買い物は、値段よりも自分にとっての価値に注目して。

「自分は投資する価値のある人間」と信じれば、人生を変えていける。

「頑張ったご褒美」って、おかしくないですか？

“ご褒美”は芸をする動物がもらうもの!?

景気のバロメーターのひとつとされているのが「高額商品」の売れ行き。テレビのニュース番組では、時おりこんなインタビューが流れてきます。

場所はデパートの貴金属売り場。商品を購入したばかりの買い物客にマイクが向けられ、

「それは、どなたかへの贈り物ですか？」

「いいえ。頑張った自分へのご褒美です」

勝ち誇ったように笑顔で答える女性――。さて、皆さんはこんなシーンをどのようにご覧になっているでしょう。

その方の「幸せ」に異議を唱えるつもりは毛頭ありません。しかし、少なくとも私には「頑張ったご褒美」という発想そのものが、少々オカシナものに思えるのです。

たとえばダイエットで頑張ったご褒美、それは「スリムになった体」では？
たとえば入学試験に受かったご褒美、それは「今後の学生生活」では？

あまりに「ご褒美」ばかりが強調されると、人間というよりも「芸を披露する動物」のようにも思えてきます。ダイエットであれば〝芸をしてご褒美をもらう〟のではなく、自分の意志で「ダイエットそのもの」を選んだことを忘れてほしくないのです。

スリムになったご褒美に、ボディーラインにピッタリの服を買う――なら、ダイエットコーチングをする立場からも、おおいに賛同できます。しかし、頑張ったご褒美が「おいしいご飯」というのは、やはりギモンです。スリム効果を期待してサウナに行き、さっぱりしたからといってビールをがぶ飲みしてしまっては〝意味がない〟のと同じですね！

リバウンドする、しないの分かれ道

ダイエットには2種類があります。

太り気味の体型という「マイナス」から逃れるためのもの、現状から前へ踏み出し何らかの「プラス」に向かうためのもの。同じダイエットでも、この2つではまったく意味が異なります。

仮に体重60kgの女性がいたとしましょう。彼女は「太って見られる」ことから逃れたくてダイエットを決意します。ところが10パーセントほどウェイトが落ち54kgくらいになると、この気持ちが薄れてしまうことがよくあります。その結果つい心に油断が生じ、体重が元に戻ってしまう。これが、リバウンドの正体です。

いっぽう、世の中には確実にダイエットを成功させる人たちもいます。代表的なのが、漫画やアニメのキャラクターの扮装を楽しむコスプレイヤーの方々。たとえば「45kgじゃないと、あの体型、服装にはなれない!」と、ダイエットのゴール地点を強く願うことができるのです。しかも、ゴールの先に撮影会など他者の視線に触れる機会が待ち受けていることも多く、要は動機と目的意識が違うのですね。

現状から逃れることが目標の人は「戻る」のですが、コスプレイヤーのように理想や目標が先にある人の多くは「戻らない」のです。

「自分にご褒美」というタイプの人は、たいてい前者。残念ながらいったん目標を達成してしまうことで気持ちが緩んでしまうのでしょう。せっかく〝ご褒美〟をもらっても、リバウンドしてしまうケースがほとんどです。

「犬に追いかけられて走る」のと、「目的地に早く着きたいから走る」では、同じ「走る」でも意味が違うのです。

★生きる歓びがあふれだすルール15

ダイエットで頑張った〝ご褒美〟は「スリムになった体」。

目的を持ったダイエットはリバウンドするケースがほとんどない。

大人になって増えるもの・減るもの

オトナを演出するスキルとは？

「あの頃は、怖いものなんてなかったなぁ」

大人が自分の子ども時代に思いを馳せながら口にする〝有名な〟セリフですね。ところで、この場合、怖いものとは具体的に何を指すのでしょう。

仕事、人間関係、将来、そして男性ならば奥様……？　確かに子どもの頃には、あまり怖いとは思わなかったものですね。ちなみに、虫、歯医者さん、予期せぬ体重増加を除けば、今でも私は〝怖いものなし〟。コドモのように無邪気に生きているというわけです。

大人になると怖いものが増えるは、なぜなのでしょう。知識が増える分、あれこれ考え過ぎてしまうのでしょうか。

いっぽうオトナには知恵もあるはずですから、起きてもいないことを憂えたり、「もし××××したら」のような仮定を前提に恐れたりする代わりに、それらを未然に防ぐ方法を考えたほうがよいと私は思うのですが……。

どうやら、大人らしく振る舞うためには、どこかに憂いや漠然とした不安を纏《まと》う風情が必要と考えられているのかもしれません。アニメの世界でも、大人を描こうとする場合はやや伏し目がちな表情、構図が分かりやすいようです。たとえば『銀河鉄道999』のメーテルが無邪気で楽天的では、やはり絵にならないですよね！

人生に疲れたふり、薄幸な雰囲気などは、いわば「オトナ演出スキル」。そう考えると、心から恐れを抱いている人など、本当はいないのではとさえ思うのです。

うつむき加減にオトナを演出している人がいたら、

「それ、杞憂というものですよ！」

と、心を込めて伝えてあげましょう。

恐れは、恐れる人の幻想であったり、未知ゆえの不安だったりします。未知なものに対しては恐れを抱くのではなく、好奇心とワクワクした気持ちで向き合えばいいのです。

嫌われない生き方では愛されない

オトナになって怖いものが増えるいっぽうで、誰かに叱られる機会は激減していきます。自分が気づかずに誰かを怒らせていても、相手が直接指摘してくれることはあまりありません。その代わりに「静かにフェードアウト」という結末が待っているケースが多いのです。そこには摩擦が生じることへの恐怖心、つまり自分のための〝保身〟はあっても、トラブルを乗り越えて関係を良くしていこうという相手への〝愛〟がありません。

嫌われない生き方をすれば、実際に〝嫌われない〟かもしれません。しかし、愛されることもないのです。

あなたが大切な人のために勇気を出して「叱る」という行動を選択したとします。しかし、伝わらない場合もあるでしょう。あなたはこの結果を悲しむことはありません。「いろいろな人間がいる」と考えればよいのです。

「ありがとう」も「ごめんなさい」も言えない人とは何も分かち合えないように、分かり合えること、合えないことがあっていいのです。

一人で生きていくと決めた人、一人で生きていけると考えている人、そして誰にも感謝できない人……。こんな人たちが早く気づくといいですね。「大勢の人に支えられてきたこと、許されてきたこと」に！

★生きる歓びがあふれだすルール16

恐れは、恐れる人の幻想。未知なものには好奇心とワクワク感で向き合う。

分かり合えること、分かり合えないことがあってもいい。

確実にハッピーになるシンプルな方法

心を込めた〝ウソ〟のプレゼント

「もうやってられない！　なんで私ばかり運が悪いの？」

顔を合わせると、こんなことばかり言っている友人がいました。彼女は何に対しても文句ばかり。世界が悪い、あの人が悪い、運が悪い……と、すべてのことに悪態をつくような生き方を選んでいたのです。

周りからは総スカンを食らい、当然のことながら仕事もうまくいかず、それでも自分自身を省みようとしないので、状況は悪化するばかりでした。

見るに見かねた私は、彼女にアクアマリンのブレスレットをプレゼントしました。コミュニケーションがうまくいくように祈りを込めて組み、天使のエネルギーを封入したのです。しかしこれだけでは、トラブルを招く原因である彼女の〝意固地さ〟は改善できそうにありません。そこで私はこんな〝ウソ〟を一緒に贈ることにしました。

「天使のエネルギーの源は『ありがとう』の言葉。いろいろな場面でいろいろな人に、心から『ありがとう』を伝えてね！　感謝すればするほど天使にエネルギーがチャージされるから、ブレスレットの力も格段に上がるよ。ただし『ありがとう』が口先だけだったり、言葉に出さなかったりすると、天使が力を発揮できなくなってしまうから気をつけて」

実際には「ありがとう」があってもなくても、封入された天使のエネルギーに変化はありません。しかし彼女はその〝ウソ〟を信じ、行動することにしたのです。

「ありがとう」が起こしたミラクル

その後の彼女の変化は素晴らしいものでした。

まずは、日記が変わりました。それまではグチや恨みばかりの〝悲劇のヒロイン日記〟だったものが〝感謝さがし日記〟に。できるだけ多くの「ありがとう」を言いたいと、どんな些細なことにも感謝と喜びを見出す努力を重ねたのです。そして一日の最後には、その日の感謝を声に出していたそうです。

最初は「ありがとう」と言えば幸福になれる。とりあえず唱えてみよう――という気持ちだったようですが、感謝すべき対象にしっかりと意識を向けるうち、それは形だけではなく、いつしか心から感謝できるようになったといいます。

次に彼女が始めたのは、それまで「すみません」で過ごしていた場面をすべて「ありがとう」に言い換えること。その結果「感謝すべきことがいかに多かったか」に気づいた彼女は、

「ありがとう」がより相手に伝わるように〝目を合わせる〟ことを始め、さらに〝笑顔〟で言えるように努力し、やがてそれが自然になっていきました。

彼女にミラクルが起こり始めたのは、その頃からです。

最初に私が気づいたのは顔つき。10歳近く若返りに成功したのです！　以前は〝意地悪ばあさん予備軍〟のようなこわばった表情だったのですが、柔らかいほほ笑みを絶やさず、ほうれい線も消滅！

こうした彼女の変化は周囲の人にも好印象を与え、職場での人間関係もスムーズになり、声を掛けられることが多くなったそうです。

ここから先は、もう書かなくても想像がつきますよね……。

世界を変えるのは、あなた自身

久しぶりに会った彼女は〝文句ばかり言っていた〟昔の彼女ではありませんでした。周りの状況が改善されたから彼女の文句が減ったのではなく、彼女自身が〝感謝〟に心を向けた結果、周りが変化したのです。

彼女はブレスレットと天使のエネルギーに驚いていましたが、状況の好転は彼女自身が心と行動で最善を尽くした結果（私が贈った〝ウソ〟も告白しました）。スピリチュアルの力はあくまでもサプリメントのように〝補助的〟なものです。幸せな毎日への道を切り開くのは、自分自身の心と行動。パワーストーンや天使の力だけで状況が改善することはありません。


「初めて自分自身に自信が持てた」

と話す彼女は、他力本願、運任せ、神頼みではなく、自分自身で世界を変えられたことに気づいたのです。単に「ありがとう」を唱えればいいのではなく、心から感謝し喜ぶことが毎日をハッピーにする秘訣だということに。

★生きる歓びがあふれだすルール17
スピリチュアルは補助的なもの。大切なのは自分自身の心と行動。

心から感謝し喜ぶことがハッピーの秘訣。

ほめ上手な手帳をつくる

スケジュール帳に施すちょっとした工夫

日本人ほど「手帳」が好きな国民はいない――は、有名な話のようです。勤勉できっちりした仕事ができるのは〝手帳文化のおかげ〟というわけですね。

確かに年末や年度末、書店、文具店には専用コーナーができ、「手帳術」「時間管理術」なる雑誌の特集が次々に登場します。中には「図解！年収×××万円の手帳・××××万円の手帳」というような企画まであって、手帳に関心がなくても〝立ち読み〟してみたくなります。

親しい仲間とのお酒の席で「手帳自慢大会」が始まるのも、この国ならではの光景かもしれません。

手帳を選ぶときに決まってワクワクするのは、これから起きることへの期待の表れなのでしょう。

「今年はイマイチだったけど、来年はがんばろう！」

「○月の旅行、いい出会いがあるといいな……」

こうしたある種の高揚感は、なかなか気持ちのいいものですよね！

実は私の手帳には、ちょっとした工夫が施してあります。

もともとはごく普通の「見開き1カ月」形式のデスクダイアリーなのですが、見開きのいちばん左端、それぞれの週の先頭のマスに「小さな正方形の付箋」を貼り付けてあるのです。付箋に書く内容は、その週にやるべきこと。世間でいう「To Do List」と同じです。もちろん日々の予定はそれぞれの曜日の欄に時間と一緒に書き込みます。この付箋には「その週のハイライト」とでも言うべき重要な予定、課題をピックアップしておくわけです。

52週分の勲章を集める

さあ、いよいよ1週間が始まりました。

週明けから次々と予定をクリアし、付箋に書き出した「重要な課題」も仲間の力を借りながら、なんとか突破。付箋上の「To Do」の項目にも気持ち良くチェックマークを入れて、おかげさまで1週間を無事に完走！

——と、ここまでは、ごく普通の手帳の使い方と変わりませんね。ご注目いただきたいのはここからです。

実はこの手帳、後半に「勲章の殿堂」があるのです。

1年≒52週。1週間のスタートに貼る正方形の付箋の数も52枚。1年の52分の1の時間、貴重な7日間をかけて成し遂げてきた成果が書かれている付箋は、私にとっての「勲章」です。

この勲章を手帳の後半ページの罫線に合わせてきれいに並べて貼り込んでいきます——。これぞ「勲章の殿堂」。1年間で実行できたこと、あるいはできなかったことを1週間単位で振り返ることができる、自分への労いと反省の部屋なのです。

スケジュール帳を後から眺めると、どうしても「できなかったこと」に目が行ってしまいがち。ついついネガティブな見方をしてしまいますよね。この「殿堂」のメリットは、「できたこと」をしっかり振り返り、新たなエネルギーに〝変換〟できることです。

少し前の日本ならば、

「今週は、がんばったな。今日は飲みに行くか！」

と、上司が肩をポン。


こんなやり取りがあちこちで見られました。

どんな人でも、ほめられるのはうれしいもの。それはスピリチュアル屋さんの私でも同じです。

私にとって「勲章の殿堂」は、時に厳しくそして温かい〝心の上司〟のような存在。ついつい自分の足元を見失ってしまいがち――という方は、試してみてはいかがでしょう。

★生きる歓びがあふれだすルール18
手帳へのひと工夫で1日、1週間、1年がより充実する。

自分への労いと反省ができる〝心のスペース〟を準備しよう。

第3章 恋愛、コミュニケーションの達人になる

世界から愛される存在になるための一番簡単なルール

見返りを求めず、淡々と愛を尽くす

スピリチュアルカウンセラーという職業柄、サロンのある三鷹のお隣の駅、吉祥寺にあるパワーストーン屋さん「Seven wishes」によく出かけます。

三鷹、吉祥寺はJR中央線でひと駅なのですが、実は〝ある理由〟があって、武蔵野市が運営している小型のコミュニティー・バス「ムーバス」を利用するようにしています。

「こんにちは。お待たせいたしました」「足下にお気を付けください」「今日は寒いですね」……。

ある日、バスに乗り込むと、運転席のほうからこんな声が聞こえてきました。「毎度ご乗車、ありがとうございます」といういわば〝機械的なセリフ〟ではなく、運転士さんが乗客一人ひとりに、ていねいに声をかけていたのです。

お客さんの反応はといえば、お年を召された方にはていねいな挨拶を返す方が比較的多いのですが、大半の方は挨拶されても反応しないか、たまに首をすくめるような会釈を返す人がいる程度。それでも挨拶を続ける運転士さん。私はこの光景に立ち会えただけで幸せな気持ちになれました。

誰かに評価されるわけでもなく、同等もしくはそれ以上の見返りを求めているわけでもなく、淡々とその時の自分ができる最善の愛を尽くす姿——。私にはそう見えたのです。

「ありがとう」の言葉と気持ち、表情を届ける

私が大切にしていることのひとつが、「世界から愛されたいと思ったら、世界を愛すればいい」というルール。たとえば、コンビニや喫茶店の店員さん、工事現場の誘導のおじさん、駅の掃除をしている係の方、タクシーのドライバーさん……友達ではなくても触れ合う人には笑顔で挨拶したり、挨拶を返したりするのです。

それもただ単に「どうも」と言ったり、会釈したりするだけではなく、「ありがとう！」

という言葉と気持ち、表情を相手に届ける〝愛拶〟をします。気分がいいし、楽しくなるし、おまけに仲良くなれてしまいますよ。

「知らない人に挨拶するなんて恥ずかしい！」という方もいらっしゃるでしょう。大丈夫、無理する必要はありません。大切なのは「その時の自分ができる最善の愛を尽くす」こと。恥ずかしくて死にそうだと思ったのなら、なにも〝難行苦行〟に挑むことはないのです。

なるべく笑顔で過ごす、背筋を伸ばす、思いやりのある会話を心がける、ご飯を残さない……。それが今のあなたが尽くせる最善の愛ならば、ほかの人のやり方と違っていても、それでいいのです。

「私は三日坊主だから」という方は、無理に「続けよう」と頑張らなくても大丈夫。誰でも成長の途中にいるのですから……！「その時の自分ができる最善の愛を尽くす」が、自分自身を最高に喜ばせる方法であることは、ゆっくりと身についていきます。まるで呼吸をするように、いつかあなたの一部になっていくのです。

同時多発的に起きるキラキラな瞬間

世界は本当に〝面白く〟できていています。

それ以来、私はバスに乗る時の「お願いします」と、降りる時の「ありがとうございました」を欠かさないようにしていました。すると、同じことを考えたり、同じ行動をしようとしたりする人が増えるのですね。それも、同時多発的に……！

最近では一人ひとりに声をかける運転士さんや、「お願いします。ありがとう」と挨拶をするお客さんが増えた気がします。おかげで今ではいつそのバスに乗っても幸せな気分です。

誰もが「その時の自分ができる最善の愛を尽くす」ような世界であれば、誰もが誰かのキラキラした幸せを保つことに貢献できます。そして、そのキラキラによって自分自身を最高に輝かせることができるのです！

★生きる歓びがあふれだすルール19

その時の自分ができる最善の愛を尽くす。

世界から愛されたいと思ったら、世界を愛すればいい。

心から〝愛される人〟になる条件

愛される人って、どんな人？

以前から感じていたギモンのひとつは、いわゆる「モテ本」と呼ばれる書籍が世の中にたくさん出回っていることです。〝愛される〟ためのテクニックを磨いて、異性（男性）の心をキャッチ！――という内容ですね。

「愛されるテクニックを磨くより、愛することに徹したほうが〝本当の意味で〟愛される人になれる」と、私は思うのですが……。

こんな話をご存じでしょう。

「犬は〝犬好き〟が好き」「猫は〝猫好き〟が好き」。

犬や猫を本当に好きな人たちは、無理に抱き上げたり、しつこく撫でまわしたりと、行動をコントロールするようなことはしません。好きだからこそ相手を尊重する。正しい接し方をわきまえているのです。

犬や猫が好きになるのは、このような人たち。〝好かれたい〟と思っている人ではないのです。


人に置き換えてみましょう。

「人は〝人好き〟が好き」。

〝好かれたい〟と思っている人が〝好かれる〟ためのテクニックを駆使して相手をコントロールしたとしても、それはその人本来の魅力ではなく、あくまでも〝好かれる〟ために自分ではない人格を演じた結果です。

仮に気に入ってもらえることがあったとしても、「その人そのものが、心から愛されている」状態とは、少し違いますよね！

あなたは、好かれようとして自分を偽ったり、相手をコントロールしようとしたりする人を心から信頼し、愛することができるでしょうか？

自分の〝最善〟で相手と接する

書籍にとどまらずTVや雑誌など多くのメディアで「愛されテク」的な単語が出回っていると、いつの間にか、それがあたかも自然で当たり前のことのような状況が生まれます。すると今度はそれを「正しい」と思い込んでしまう人が現われるのです。

こうして「何が正しいのか」をきちんと考えずに〝根拠のない正解〟を刷り込まれた結果、本来さまざまな喜びや感動を共有でき、自分自身の成長にもつながる人間関係に不必要なストレスを感じる人が多くなってしまったのではないでしょうか。

あなたの持つ最高の魅力は「あなたが、あなたであること」。これは、あなたが愛される理由でもあります。もしも、あなた以外の人を完璧に演じきったとしても、あなた以上に魅力的になることはありません。しかも、演じることには常に不安や疲労、疑問がつきまといます。

声を大にして言いたいのは〝愛されテク〟を使い、自分以外の人格を演じたりしなくても、あなたは愛されるということ。

人間関係の〝疲れ〟の正体は、実はこの〝演じ疲れ〟なのです。

相手の心は完全に把握できないですし、ましてやコントロールなど不可能です。ところが、

「こう思われたらどうしよう……」

「こう思わせたい」

などと、本来扱えないもの（＝相手の心）を扱おうとして疲れてしまう人が多いのです。

そうならないためには、自分ができる〝最善〟で相手に接すること。必要なのは、それだけです。

決して善人になれとか、役立つ人、社交的な人になれという意味ではありません。〝ありのままの自分〟で、相手を好きになってみる。そこから本当の人間関係が始まるのです。

人間関係は自分を磨くためのギフト

人間関係の中で自分自身を磨いたり活かしたりすることは、とても楽しく刺激的です。逆に言えば、人は人との関わり合いにおいてのみ、輝くことができるのです。もともと人間関係とは、疲れるようなものではないのです！

あなたの周囲には、実にさまざまな人がいることでしょう。好きな人、嫌いな人、仲良しな人、疎遠になった人……。いろいろな関係があって初めて、いろいろな気づきや学びを得られるのです。

さらにあなたの中身のレベルアップを図るのであれば、仲良くなれそうな人だけに近づくのではなく〝ありのままの自分〟で相手にぶつかりながら「関係性を構築する」ことにチャレンジしていきましょう。

その結果、人間としての魅力がアップすれば、（ごく自然に！）多くの人から愛される人になれるのです。

★生きる歓びがあふれだすルール20

〝愛されたい〟からといって相手の心をコントロールすることは不可能。「あるがままの自分」になれば、人間関係が楽しくなる！

見返りを求める心・求めない心

「見返り」をめぐる2つの行動パターン

「Aさんのために私はあんなに頑張ったのに、なぜ応えてくれないんだろう……」

こうした思考パターンに入り込んで苦しむ人、結構たくさんいるのです。自分の行為に対して見返りを求めてしまう気持ちは、誰の心の中にもあるはずですね。あなたは、いかがでしょうか？

見返りを求めずに行動できる人、ついつい見返りを求めてしまう人――。それぞれの行動パターンを見てみましょう。

見返りを求めず行動できる人は、ハッピーの度合いが高いはずです。

相手に対して見返りを求めないから行動も制限されないですし、何より「セコい」「腹黒い」印象とは無縁。周りに集まるのも同じような人たちですから、ギスギスした関係にはならず、おかしな利害関係に縛られることもないでしょう。

そして何より〝見返りを求めず〟人に施していると、人からは愛や感謝、信頼だけでなく物質的な面も含め〝見返り以上のもの〟を得ることになり、結果として常に豊かでいられるのです。


いっぽう、見返りを求めて行動してしまう人は、普段からあまり〝楽しくない〟かもしれませんね。

行動基準そのものが、見返りがあるかないか、損か得かになってしまい、常に「奪われないか」「損をしないか」と心配することになります。その結果、どうしても「セコい」「腹黒い」印象を与えてしまうことになるのです。

周囲に対しても疑心暗鬼でいるため〝疑心暗鬼仲間〟を呼び寄せてしまい、ギスギスしたり、ヘンな利害関係だけでつながっていたり――。

そして何より、見返りを求め続けているため、実際には人に施していなくても、物質的にも精神的にも〝損した気分〟につきまとわれてしまうのです。

楽しいことをシンプルに選択する

ご紹介したのはかなり極端な例ですが、思わず「あ、あの人！」と、お友達の顔が浮かんだ方も多いことでしょう。

では、この両者の「差」が生まれた根っこには何があるのかというと、次の4つを知っているか、知らないかの違いだと私は思います。すなわち、

1. あなたがAさんに何かしたからといって、必ずしもAさんから返ってくるとは限らない。
2. あなたがAさんに今、したことが、必ずしもすぐに返ってくるとは限らない。
3. あなたがAさんに何かしたからといって、必ずしも同じものが返ってくるとは限らない。
4. あなたがAさんに何かしたからといって、必ずしもあなたが〝出発点〟だったとは限らない。

「4」は少し分かりづらいかもしれませんね。

これはたとえば「何かをしている」つもりのあなたが、すでに誰かに「何かをしてもらっている」かもしれない。あなたが〝出発点〟のつもりでしていることは、すでに誰かにしてもらった何かの「恩返し」かもしれない――ということです。


つまり、この4つをきちんと理解できれば、そもそも見返りについて考えること自体に、あまり意味がないと気づかれるでしょう。

ここでいう見返り自体が「何かをする→その人から何かが返ってくる」というような直線的な関係のうえで成り立っているものではないからです。すなわち「見返りは求めようがない！」が、行き着く結論なのです。


見返りを求めないで行動している人は、決して自己犠牲の精神や、マゾヒスティックな人生観で動いているのではありません。楽しいことをシンプルに選択した結果としての行動です。

「私って、なんて尽くす人なんだろう……」と、自己犠牲に〝陶酔〟するようなタイプの方は、自己満足的な消耗モードに陥らないように気をつけましょうね！

★生きる歓びがあふれだすルール21
見返りは「求めようがない」もの。
自己犠牲ではなく、楽しいことをシンプルに選択しよう。

〝誤解〟というチャンスを生かす

行き違いを解決すれば高まる信頼

実は、こんな〝事件〟がありました。

私のカウンセリングや授業は「対面」と「遠隔」の2通りがあり、遠くの方とのセッションはスカイプや電話を使って進めます。

その日はお昼の12時から、ある生徒さんとのスカイプによる授業の予約が入っていました。ところが、待てど暮らせど連絡が来ないのです――。

おかしいと思ってこちらからコール。ようやくつながったのですが、なんだか様子がおかしい……。しばらくして〝私〟が予定を間違えていたことに気づきました。彼女との約束は1カ月先（！）だったのです。まったくもってお恥ずかしい勘違いです。

しかし、この日はラッキーでした。

もしも彼女からの連絡をただ待ち続け、確認（＝こちらからのコール）を怠っていたら、私は彼女に対して「当日キャンセルするなんて」と、戸惑ったことでしょう。加えて本来の約束の日（1カ月後）には、私が別の予定を入れてしまうという事態になるところでした。

この時もしも私が彼女を疑っていたならば、実際はただの「誤解」だったというのに、大切な仲間を一人失ってしまうところだったのです。

逆に「誤解されてしまう」こともあるでしょう。

たとえばメールだけのやり取りで言葉足らずになってしまい、こちらの意図が正しく伝わらないことなど、気をつけていても時々起ります。

人は未知なものや不信を抱いた相手に対して、強い警戒心や拒絶感を抱いてしまうもの。ですから、誤解されてしまったときはメールではなく、電話か直接会って話ができるようにお願いしています。

きちんと対話をさせてもらえれば、ほぼ間違いなく誤解は解消できますし、誤解を乗り越え理解し合えた経験が相互の信頼関係をさらに強くしてくれるのです。

こうした場面で気をつけたいのは、たとえば拒絶されたからといって拒絶で返したり、相手が礼儀を欠いたからといって非礼で返したりといった行動——。これでは誤解を理解へと昇華させることはできません。

自分の正当性のアピールに固執するのではなく、こんな状況でこそ自分自身の「誠意を尽くす」ことを心掛けていきましょう。行き違いを解消しながら、同時に「自信や強さ」を身につけることができるのです。

親しい間柄のほうが誤解が生じやすい？

誤解やすれ違いは、よく知らない同士で起きるかといえば、決してそうではありません。たとえば「こちらは誠意を尽くしたのに、誤解され激しく拒絶された」、あるいは「釈明を聞く気にもなれないほど相手を拒絶してしまう」など、誰でも一度は経験があると思います。こうしたトラブルはある程度親しい人や、親しくなりたいと考えていた人との間で起きていませんか……？

これには理由があります。実はそういう間柄の方が、より誤解を生みやすいのです！

つまり相手に対する期待が大きかったり、「分かっているだろう」という憶測の占める割合が大きかったりするケースが多いのですね。親しい関係であればあるほど、自分のアタマの中の「相手像」が実際の相手をはみ出してしまうのです。

「誤解」は文字通り〝誤って解している〟だけで、いったん解いてしまえば、誰が悪いわけでもありません。もしも誤解に対して憤っている人がいるとすれば、それは現実ではない「憶測」に対して――ということが多いのです。

誤解が生じている状態は、実はチャンス！

「誤解→解説→和解を経て理解し合う」ことができれば、お互いの憶測同士で何となく分かり合っているような関係に比べて、はるかに良い関係を築く好機。まさに「打ち解けあう」ことができるのです。

★生きる歓びがあふれだすルール22
行き違いの修復には会って話すことが重要。
誤解が生じている状態こそ良い関係を築く好機。

あなたが愛の発信地になる

「太陽作戦」で恋愛も仕事もうまくいく

「北風と太陽」というお話はご存じだと思います。旅人の上着を脱がせる——というミッションを達成できるのは、北風／太陽、果たしてどちらでしょう？　というイソップ寓話ですね。先攻の北風は力任せに風を吹かせたものの、旅人は寒さのあまり上着を押さえてしまい、あえなく失敗。後攻の太陽は、さんさんと降り注ぐ日差しを旅人に……というストーリーでした。

実はこのお話には、愛し上手、愛され上手になる秘訣が隠されているのです。恋愛だけではなく仕事にも活かせるヒントをご紹介していきましょう。

では早速2人の男性をご紹介します。

一人目は北風冬男さん。

自信過剰なタイプ。相手がいかにガードの堅い女性であっても、ストレートな欲求をぶつけてしまう。「俺の女になれ！」が口説き文句。

もう一人が太陽夏男さん。

女性のニーズを〝先回り〟して上手にくみ取り、なおかつ恩着せがましくない。ほめ上手で寄り添い上手。文字通り太陽のような寛容さで女性を包み込むように接する。

さて、この2人がある競争を思い立ちました。「あの娘の上着を脱がせるのは、どちらが早いか？」

勝負の行方は、ふたを開ける前から決まったようなものですね。北風冬男の「俺の女になれ」攻撃で上着を脱ぐ気持ちになる女性は〝ほぼ〟いないでしょう（世の中には例外も存在します）。いっぽう太陽夏男は得意の包容力攻撃で女性をリラックスさせ、徐々に心の扉を開けていきます――。

有能なカメラマンも、ほめ上手で寄り添い上手な「太陽」ですね。しかも、ただ闇雲にほめるのではなく、ほめてほしい瞬間にピンポイントでピッタリな言葉を投げかけてくれるのです。

たとえばレンズの前で緊張気味なときに「少～し歯が見えると、すごくかわいいね～！」などのひと言で、被写体のほうもすっかり〝魔法〟にかかってしまい、本人が考えているよりも格段に「いい表情」が自然に出てくるのです。

「ん～、笑ってくれないかなぁ……ちょっと暗いよ～。笑って！」と、まるで〝北風冬男〟のように自分の要求だけを相手に押し付けるようでは、いい表情は生まれませんよね。

もちろん仕事の場面でも〝太陽作戦〟は有効です。上司であるあなたが部下に仕事をさせたいと考えたときに「仕事しろ！」というプレッシャーをかける〝北風作戦〟よりも、ほめる言葉や「頼りにしている」という意思を愛や感謝として伝えられれば、はるかにスムーズに仕事が進むことがお分かりでしょう。

世界は「愛」でできている

あなたがステキな「太陽」になるための方法は〝たったひとつ〟。それは、自分が愛の発信地になることです。

「誰からどれだけ幸せをもらったか」ではなく「誰にどれだけ幸せを配れたか」を真剣に悩むくらい、自ら愛情ビームの連射を続けていきましょう。思いやる心と笑顔を、進んで振りまき続けるのです。すると愛の伝え方も上手になって、気がついたら「大好きな人の太陽になっていた！」が現実になっていきます。

「与えることこそが、自分を満たすこと」。この法則に気づくことができれば、あなたは一生分の〝幸せパスポート〟を手に入れたも同然なのです。

人に好かれたいなら、人を好きになること――。依存でも、独占欲でも、自己満足のためでもなく、その人をちゃんと好きになる。ちゃんと愛する。これができれば、結果的にあなたが「愛し愛されスパイラル」の中心になるのです。

相手に「こうしてほしい」と考えて自分の行動を決めるのではなく、自分自身の「善い思い」を信頼して生きていけば、あなたが想像する以上の結果がやってくるのです。なぜなら、この世界は「愛」でできているのですから。

★生きる歓びがあふれだすルール23

与えることこそが、自分を満たすこと。

人に好かれたいなら、人を好きになればいい。

好き嫌いはあっていい！

人間関係トラブル「ゼロ」の理由

いささか〝手前ミソ〟な話題なのですが、しみじみ「幸せだな」と思っていることがあります。ＪＲ中央線・三鷹駅の近くにスピリチュアルサロン「とれみにょん」をオープンしたのが２０１０年の春。それ以来、私の周囲で人間関係のトラブルらしいトラブルが一度も起きていないのです。

サロンにいらっしゃる方々をはじめ、お茶会などのイベントにご参加の皆さん、よく挨拶してくれるコンビニのお兄ちゃん、私を見つけると遠くからでも手を振ってくれる宅配便のドライバーさん、時間があれば出かけるお店のスタッフの人たち、そしてもちろん一緒にサロンを運営している仲間やプライベートの友達……。私の周りは驚くほどステキな人ばかり！

スピリチュアルカウンセラーは、たくさんの人と会う仕事。「トラブル続きで」という同業者がいるのも事実なのですが、私の場合、本当に「日々感謝！」です。

なぜなのでしょう。ハッピーの理由を考えてみました。

〝お別れ〟は〝お解れ〟

ひとつは「好き嫌い」がはっきりしていて、激しいことでしょう。

職業柄「好き嫌い」はマイナスという見方があるかもしれませんね。しかし、嫌いは嫌いでいいと私は思います。「嫌い」がすぐ分かるので「好き」はもっとよく分かります。仮に「嫌い」を無くしてしまうと、「好き」の喜びも半減してしまいます。

嫌いだからといって憎む必要はありません。「その人がなぜ今、私の前に現われたのか」を考えて、今の自分がその人にできる〝最善〟を尽くすのです。すると、不思議なことにトラブルにもならず、役目を終えたらあっさり消えてくれたり、私のほうが好きになれたりします。

私に学びを与えてくれて、役目が終わったら他へ行ってくれる――。「嫌いな人」には逆に感謝しているくらいです。

もうひとつは「徹底して向き合う」こと。

一度繋がって下さった方に対しては、最大の愛情と感謝、喜び、うれしさ、楽しさなど感度100％で向き合います。

決して聞こえのいい〝うわべ〟だけで付き合うのではありません。自分が嫌われるか否かではなく「今の自分ができる最善か否か」が行動基準です。そのため、時には本気で叱ることもありますが、時間はかかっても心は必ず伝わるのです。

人間関係は「お役に立ち合い」、お互いがお互いの役に立つこと、なのでしょう。ですから「お別れ」は「お解れ」。相手を理解でき、魂の成長のための謎が解けたら次のステップへと進む――。決して悲しいことではありません。そのためにも、今、目の前にいる人たちと全力で向き合いたいと思うのです。

★生きる歓びがあふれだすルール24

嫌いな相手を憎む必要などない。

自分がその相手にできる最善を尽くせば、トラブルにはならない。

言葉との付き合い方

傷つけようとして言葉を発している人は少ない

こんな〝なぞなぞ〟をご存じですか？

「使い方次第で棘《とげ》にも棘抜きにもなるもの、なあに……？」

そう。正解は「言葉」。

確かに人の心に突き刺さり傷つけることも、心に刺さった棘を取り除いてあげることもできますね。こんなに使い勝手の良いものは、他にないかもしれません。「言葉」は、私たちの大先輩が発明し、残してくれたステキなプレゼントです。

さて「棘抜き」ばかりならうれしいのですが、世の中で毎日交わされている会話の中には「棘」もあちこちに……。グサリと突き刺さる言葉に傷ついている人は、本当にたくさんいます。

何気なく発せられた言葉を「棘」と受け取り、傷ついてしまう人。そして〝悪気なく〟発した言葉が「棘」と受け取られ、そのことに心を痛めてしまう人――。

いずれにしても、寂しいですよね。ところが、ある日こんなことに気づいたのです。

言葉に傷つく人は多いけれど、
傷つけようとして言葉を発している人は実際には少ない。

あなたも、そんな気がしませんか？　では、こうしたらどうでしょう。

傷ついてしまいがちな人は、
言葉を受け取るときに「今までより少し〝愛〟で聞く努力」をする。
傷つけてしまいがちな人は、
言葉を発するときに「今までより少～し〝愛〟で話す努力」をする。

とはいえ、これで棘がすべて棘抜きになるわけではありません。相手の発した言葉に傷つく、腹が立つと感じることはあるでしょう。そんなときは、

「その言葉、傷ついた」

「その言葉、ムカついた」

と、素直に言えばいいのです。相手と自分のために〝棘のない言葉〟でちゃんと教えてあげましょう。

相手に悪気がないのなら謝ってくれるでしょうし、あなたもムダに傷つくことはありません。すぐにお互い笑顔になれるでしょう！

万が一、「傷ついた」「ムカついた」と伝えても悪びれる様子もなく、「ただの冗談よ」などと〝陽気に〟加害者になるような人がいたら、あとはチョップ攻撃でも何でもどうぞ（笑）

〝愛の言葉〟で相手を笑顔にしよう！

相手を傷つけてしまうことがある言葉も、使い方次第でお互いが幸せになれる――。その差は〝愛〟――相手を他者として扱うのではなく、感謝と敬意をもって自分自身のように接するか否か――の差なのです。

相手を傷つけないように、相手に傷つけられないようにと、ピリピリしながら会話をしても、あまり幸せではないですよね。お互いが〝愛〟の力で楽しくなろう！　相手を笑顔にしよう！　と考えていれば、とてもシンプルで、素直に心地良く感じられるはずです。

いつも誰かを笑顔にしてしまおうと企《たくら》んでいる人は、いつも誰かの笑顔に囲まれた、本当に幸せな人。誰がその人を傷つけようとするでしょうか。誰もがその人を愛さずにはいられない――と、心からそう思います。

言葉は棘なんかじゃない。言葉は言葉でしかない。
言葉に愛を込めるから、言葉が愛を伝える道具になる。
言葉に支配されるのではなく、言葉を支配すればいい。
言葉を使いこなすとき、言葉は言葉以上のものになる。

心に刺さった言葉の棘を抜くことができるのは、やはり言葉なのです。

★生きる歓びがあふれだすルール25
相手の言葉に傷ついたら、「傷ついた」と教えてあげよう。
感謝と敬意をもって聞く&話す努力で〝愛さずにはいられない人〟になる！

常識を信じないから発見できること

「自業自得」の新しい意味!?

世の中に出回っている言葉や表現のしかたには、さまざまなイメージが固定されているように思います。

ある日ふと疑問に思ったのが「自業自得」という言葉。どちらかというと「身から出た錆《さび》」「すべては自己責任！」的なニュアンスで、ネガティブな印象が付いて回るフレーズ。

ところが「業」という言葉自体、本来は「行為」という意味で〝いい・悪い〟は問わないようです。加えて「得」は文字通り「得る」の意味――。ならばこの言葉、一般的な常識にはあえて逆らって、

「いいことしたら、いいことあった！」

という意味で、使ってあげてもいいと私は思うのです。気に入っていただけそうでしょうか？

もちろん、コミュニケーションの道具としての言葉であれば、受け取る側と同じ使い方をしなければ正しい意思疎通ができなくなってしまいます。ですから、無理やり新しい使い方をしようというわけではありません。

しかし、常識や当たり前とされることに改めてスポットを当ててみると、ステキな発見が少なからずあるのです。

あるのが当たり前の世界。

いるのが当たり前の隣人。

物質的なものと精神的なもの。

いいことと悪いこと。

許されていることと、禁止されていること。

――こうした常識をひとつひとつ点検してみることも、意外な発見に通じるかもしれません。

「いい人」「悪い人」の正体は？

こうして今までとは違った見方をしてみることによって、誰かのオリジナルなチャームポイントを見つけてあげられたら、かなりステキですよね！　もしも見つからなかったとしても、それはそれでＯＫ。世の中には「いい人」と分かりやすい人と、分かりづらい人がいるのと同じです。

あなたが「いい人」「悪い人」と思っている人も、実は「いい人」と気づけたか、まだ気づけていないかの違いだけかもしれませんね。

同じように、自分のことを好きな人も嫌いな人もいるでしょう。これも本当の自分という
ものを、もう見つけたか、まだ見つけていないかだけの違いかもしれません。
「まだ見つけていない」を「自分を好きになれない」と解釈しているとしたら……？　大丈
夫。あなたは本当の自分を見つける過程にあるだけなのです！

★生きる歓びがあふれだすルール26
常識や当たり前の再点検が、新しい発見につながる。

「悪い人」とは、あなたがまだ「いい人」と気づいていない人かもしれない。

生きた人間関係を手に入れる方法

お金と人間関係の共通点

「お金は、使わないと入ってこないよ！」
よく耳にするフレーズですね。「金回りがいい」という言葉もあるとおり、お金を呼び込むには常に「動かす」「回す」ことが必要といわれています。貯め込んで活かしていない、いわば「死んだお金」は豊かさを生み出しません。
では、やみくもに使えばいいかというと、決してそうではありません。ムダに使うのではなく、俗にいう「生き金」を使うことが大切です。「何が本当に必要で、何が不必要か」をしっかり見極めて使うように心がけるだけでも、お金の回り方は確実に変わっていきます。

人間関係も、これと同じです。

惰性だけで〝つるんでいる〟相手や、寂しいからという理由だけで一緒にいる人、あるいは相手が望んでいないのに無理やりつながっている状態など、いわば「死んだ人間関係」を手放すと、新しい、しかも自分にふさわしい相手、つまり「生きた人間関係」ときちんと巡り会うようになっているのです。

その人は、あなたにとって本当に大事な相手ですか？
その人は、あなたを本当に大事にしてくれますか？

心の底から「イエス」なら、あなたにはその人のために〝できること〟がたくさんあるはずです。それを目一杯することが自分を生かすことであり、お互いの成長や自信につながります。そして、相手がしてくれることを素直に喜べばよいのです。
お互いが尊重し合い、必要とし合い、高め合い、生かし合う――。そんな素晴らしい関係であればこそ、喜びや感動、愛を分かち合えるのです。

もしも、あなたが「かつてはそうだったけれども、今はそうでもない」と感じる相手であれば、もう〝あなたを生かす役割や、あなたにすべきこと〟自体がなくなっているのかもしれません。「長く一緒にいたし、失いたくない関係」と思われるでしょう。しかし、思い切って手放してみると、案外それ以上にステキな出会いがあるものです。

「そろそろ、ほかの人の順番なのかも……」と考えるのは、決して寂しいことではないと私は思います。「手放さない」ことによって、お互いの新たな出会いの可能性をつぶし合うのではなく、「手放す」ことでお互いのステキな出会いの機会を生み出す――。

もちろん、「必ず手放さなければならない」のではありません。しかし、手放すことも立派な「愛」なのです。

変化は〝手放す〟ことで生まれる

10年前の人間関係を思い出してみてください。きっと今とはかなり様相が違っていたことでしょう。当時の人間関係は〝10年前のあなた〟にふさわしいものだったのです。

振り返ってみると、切りたくなかったけれど切れてしまった関係、切ってよかった関係、切られてしまった関係、切りたくても切れない関係……などさまざまですね。もちろん10年間、変わらずにつながっている関係もあるでしょう。

あなたに〝手放された〟人も、あなたを〝手放した〟人も、新たな出会いによってその後の人生を切り開いているに違いありません。

さまざまな経験を積み、10年分ステキになったあなたは、〝今のあなた〟にふさわしい人たちが支えてくれています。そして、さらなるステップアップは、また「手放す」ことから始まるのです。

★生きる歓びがあふれだすルール27

死んだ関係を手放すと生きた関係が生まれてくる。
ステップアップは「手放す」から始まる。

人は一人では生きられない

スーパーのイチジクが教えてくれたこと

毎年、夏から秋にかけてスーパーの青果コーナーに並ぶのがイチジク。あのプチプチとした独特の食感とリッチな味わいの大ファンで、見かけるとついついカゴに入れてしまいます。

ある日の午後、いつものように買ってきたイチジクのパックを見て、今さらながら衝撃を受けることになったのです。

目の前には、透明のプラスチックのパックに4個のイチジクが〝お行儀よく〟収められています。

「もしも、私がこの世界に一人で生きていたら、このイチジクを食べるのにどれくらいの手間、時間、知恵がいるのだろう？」

考え始めると、アタマがくらくらしてきました。

まずはイチジクを育てなければいけない。山に自生しているものなら、それを採りに行かなければならない。高いところに実があれば、採るためのハシゴを枝やツルを使って作らなくてはならない――。

ここまでで、果たしてどれくらいの時間と手間がかかるでしょう。

さらに、パックを作るためにはプラスチックを発明しなれければならない。その前に原料となる石油を掘って精製しなければならない。それを日本のプラスチック工場へ運ぶタンカーが必要。タンカーを造る鉄が必要。沈まない船を設計するエンジニアが必要――。それ以前に、油田という大がかりな設備がなければ石油だって掘れません。

もう、明らかに不可能ですよね。

やっとの思いでプラスチック製のパックができたとしても、同じサイズのイチジクを4つ選んで詰める人がいて、今度はそれを運ぶ人がいる。運ぶトラックも必要。青果市場という仕組みの発明も必要ですし、売るための店舗が必要。最後の最後、お金と引き換えにそのパックをレジ係の人が渡してくれるまで、果たしてどれくらいの手間、時間、知恵がかかっているのでしょう。

それを何枚かの１００円玉と引き換えに手に入れているのに、私たちは時おり「一人で生きている」などという勘違いをしてしまうのです。

明らかに、大間違いだと思いませんか？

助けてもらえることに感謝を

イチジクが店頭から姿を消す頃になると、街路樹が色づいて歩道いっぱいに「落ち葉」が舞う季節がやってきます。この落ち葉、どこへ行っているのかご存じですか？　自治体によって対応が多少違うと思いますが、基本は清掃員の方がきれいにしてくださり、土に還してくれているのです。

毎日何気なく触っている駅のエスカレーターの手すりも、誰かが定期的に掃除しなければ、かなり悲惨なことになっているはず。

私たちは、どれだけ人の手を煩わせて生きているのか。どれだけ人に迷惑をかけて生きているのか――。

こうしたことに気づきもせずに「人に迷惑をかけるのは好きではありません」などという人は、明らかに洞察力不足。自分が見えていないと言っていいと私は思います。

「迷惑は、とっくにかけている！」のです。

「自分は一人では何もできない」

こう気づける人は、とても恵まれていて幸せです。

自分一人では何ひとつできないと分かるからこそ、誰かに助けてもらうことができ、助けてもらうことに感謝しながら、援助を謙虚に受け入れられるのです。

だからこそ、私たちは「不可能なことは何ひとつない」と信じることができるのですね。

この世界の仕組みは、このように素晴らしいのです。

★生きる歓びがあふれだすルール28

「私は一人で生きている」は大間違い。

援助を謙虚に受け入れれば、世界に不可能はなくなっていく。

自分という舞台の主演女優になる

あなたは十分に魅力的です

「恋愛」をテーマとした書籍が相変らずの売れ行きだそうですね。女性向けに男性向け、書店でさまざまなタイトルが並ぶのを見ると、ついつい「もったいないなぁ……」と思います。「モテたい」という欲求は健康的で自然なこと。しかし、たとえば「あなたもなれる！オトコが求める理想の女性」のような世間の論調には少々〝不自然さ〟を感じます。つまり「自分が求める理想の自分」ではなく、なぜ「誰かが求める理想に合わせる自分」になろうとするのでしょう。

いわゆるモテキャラを装って誰かを惹きつけたとしても、相手はキャラに惹かれているだけ。人の内面を深く理解しようとしていなければ、早い話そのキャラなら「誰でもいい」のかもしれません。

雑誌や本を参考にして、「これが、モテキャラ！」という状況をつくっておけば、ある種の安心感があるのかもしれません。しかし、そのために本来とても魅力的な自分らしさを放棄してしまうのは、とても「もったいない」こと――。

その結果、自信をなくし、自分を見失ってしまうようになっては、何のための「モテ」なのか疑問に感じざるを得ないのです。

「自分磨きの努力なんてムダ」と言うのではありません。誰かと比較するのではなく、まずは「昨日の自分より今日の自分を好きになっていく」という出発点をしっかり確認しましょう。そのうえで自分らしさを最大限に磨く努力を重ねていきます。最高に魅力的な〝自分〟は、その先にいるのです。

自分らしさをもっと大切に！

男性が求める理想の女性像について、ある雑誌コラムの中では、母親タイプ、秘書タイプ……などなど6つのパターンが紹介されていました。

考えてみると「母親のような包容力で〜」や「身辺の細かいところに気がつく〜」といった、たかだか「6つのタイプ」で理想を語られてしまうとは、世の男性は相当に〝見くびられて〟いるようにも思います。

という以前に、こんなタイプを演じただけで〝たなびく〟ような男性、実際のところいるのでしょうか。

この手の情報を鵜呑みにしてしまったステキな女性たちが、魅力的な自分自身を見失い、自らツマラナイお人形に成り下がるのかと思うと、ホッペをつねってでも気づかせてあげたいと思うのです。日本のステキなレディーが絶滅してしまわないように……。

忘れないでください！

あなたたちはすでに「素晴らしい存在」なのです。最高に魅力的な自分は、自分の中にしかありません。自分の中の魅力を忘れず、あなたを惑わすような情報には耳を貸さず、本当に「自分が求める理想の自分」を極めてください。

「誰かが求める理想に合わせる」のは、いわば脇役の仕事。あなたは〝自分〟という舞台の主演女優なのです。

★生きる歓びがあふれだすルール29

モテキャラに惹かれる男性は、あなたではなく〝キャラ〟が好きなだけ。巷の情報に惑わされず、自分が求める理想の自分を極めよう。

第4章

人生を〝無邪気に〟楽しむ方法

幸福を招き入れやすい体質になるには？

笑顔でいることで、人は楽しくなれる

俳優、コメディアンとして活躍されている竹中直人さんの古い持ちネタに、「笑いながら怒る人」があります。「笑顔」と「怒り」について調べていたときに動画投稿サイトで発見したのですが、これがスゴイ！

満面笑顔の竹中さんが「なんだ、この野郎〜！」とカメラに向かって悪態をつく――というごく短いもので、誰にでもできそうに見えます。では、なぜギャグとして人々の心をとらえたのでしょう……。

私も実験してみて分かりました。「超ムズカシイ！」からです。

もうひとつ、同じような実験をご紹介しましょう。紙とペンをご用意ください。

1. まずは何も意識せず、「笑顔」「怒った顔」「泣き顔」を書いてみてください。絵はシンプルな、ケータイの絵文字程度でOKです。
2. 次に、笑顔になって、同じように3つの顔を書いてください。
3. 続いて、怒った顔をしながら、3つの顔を書いてください。
4. もうお分かりですね、最後は悲しいことを思い出しながら、3つの顔を書いてみてください。

さて、いかがでしたでしょうか。

笑顔のときは「笑顔」が書きやすく、怒った顔のときは「怒った顔」、悲しい気持ちで書いたときには「泣き顔」が書きやすかったのでは……?

竹中直人さんのように、笑顔をキープしながら「怒った顔」を書こうとすると、ペン先の動きが〝ぎこちなく〟なってしまうことに気づかれたと思います。

この実験でわかるのは、「表情が人の感情や行動に深く影響する」ということ。すでに多くの方がご存じのとおり、人は楽しいから笑顔になるだけでなく、「笑顔でいることによって楽しくなれる」のです。

自分の心を直接コントロールするのはなかなか難しいのですが、顔の筋肉を使って笑顔になるのは簡単ですよね！

笑顔の連鎖で美しくなる方法

ここでとくに女性の方に、美しくなるための簡単な方法をご紹介しましょう。それは、優しく微笑んでいるような表情でいること。口角の上がった「にっこり笑顔」になることです。笑顔を作るという意識ではなく、楽しかったことなどを思い出してみてください。

「そんな簡単なこと？」と、ガッカリしないでください。実験で明らかにしたとおり、表情には感情や行動を変える力があるのです。


にっこり笑顔でいる→気分が上がってくる→ますますにっこり笑顔になる→さらに気分が上がる→もう笑顔が止まらない！　というステキな連鎖を起こすのです。

加えて、笑顔でいる人の周りには笑顔の人が集まり、笑顔に囲まれるとさらに笑顔になる……こうなればもう、「笑顔の無限ループ」ですね。

とはいえ、なかなか素直に笑顔になれない人もいらっしゃることでしょう。そんな方には、

「笑顔でいると、おかしな人に見られる？」

「あの人の前では、笑顔になんてなれない」

「こういう笑顔なら、楽しく幸せそうに見えるかしら？」

など、他者の視線や評価を考えるのではなく、ただただシンプルに「笑顔でいるっていいな～！」と、楽しむことをオススメします。


笑顔には正解も不正解もありません。肩の力を抜いて気取らずに、自分を心地よくさせることに意識を向けてみましょう。自分自身を心地よくできる人は、相手も心地よくできる人。すなわち、幸福を招き入れやすい人なのです！

★生きる歓びがあふれだすルール30
笑顔でいるだけで、人は楽しくなれる。

美しくなる簡単な方法は、口角上げて「にっこり笑顔」に。

笑いはコミュニケーションのキモ！

初対面の緊張も吹き消す笑い声

知り合いの住む街へ出向いた時のことです。

待ち合わせ時間より早めに着いた私は、駅の外にある喫煙所に立ち寄りました。ベンチにはお年を召されたご婦人が2人。きっとお買い物の途中なのでしょう、楽しそうにおしゃべりをしています。

目の前に灰皿があるのに、お2人とも喫煙されている様子はありません。この場所でタバコを吸うことに少々ためらいを感じ、

「すみません。タバコ吸ってもいいですか？」

と、声をかけてみました。

すると、このご婦人方2人とも喫煙者で、

「喫煙所でタバコ吸うのに、遠慮なんかいらないわよ～」

と、笑顔で応えてくださり、タバコの火が消えるまでの正味５分ほど、一緒にお話しすることになったのです。

ご婦人Ａ「わざわざこんなバアサンにまで気を使って声をかけるなんて、若い人なのにねえ……」

ご婦人Ｂ「違うわよ。若い人なんじゃないわよ」

ご婦人Ａ「あら、だって若い人じゃない？」

ご婦人Ｂ「若い人とかそういうことじゃなくて、常識のある人ってことなのよ」

ご婦人Ａ「ああ、そうね。いくつになっても常識のない人は、常識がないものね～！」

豪快な笑い声が響きます。

「笑い」は肉体と精神を若返らせる

しゃべって、笑って、うなずいて、煙をぷかり。

しばらくすると、膝をさすりさすり立ち上がるご婦人方。パワフルでたくましく、とてもステキ！

しみじみ「笑い声っていいなぁ」と、とても温かい気持ちにさせてもらえたのです。

あなたが最近、お腹を抱えて笑ったのはいつでしたか？　息が苦しくなるほどおかしかったのは、どんな出来事だったでしょう。

心の底から大声で笑ったり、子どものように無邪気に笑ったり……。「笑い」は、あなたの心を潤し、魂を自由にしてくれます。

もしも最近、笑うことが少なくなってきたと感じるなら、コメディー映画でもテレビのお笑い番組でも見ながら、肩の力を抜いてみてください。たまには批判や理屈をアタマから追い出して、心から楽しむことを自分自身に許してあげましょう。

あなたの笑い声はあなたの肉体と精神を若返らせると同時に、近くにいる人にとっても、同じ効果をもたらします。大いに楽しみ、喜び、そして笑い合いましょう。

駅の喫煙室での一期一会のコミュニケーション、そして屈託のない笑顔――。こういう出来事があるたびに、ますます「人が好き！」になってしまうのです。

★生きる歓びがあふれだすルール31

「笑い」はあなたの心を潤し、魂を自由にしてくれる。
批判や理屈をアタマから追い出し、心から楽しむことが大切！

魂の自由を保つ方法

大人はワクワク禁止ですか？

ただでさえ気が重い週明けに朝から雨が降っていると、余計に気分が沈みがちになる人も多いことでしょう。ところが新しい傘や長靴を買ったとたん、今度は雨の日が待ち遠しくなります。人の気持ちって、本当に面白いですよね。

私の場合、長靴を履くとさらに気分が高揚します。それは無性に〝あること〟をしたくなるからです。

生クリームを見ると、思わず人さし指を伸ばしてペロリ。

舞い散る桜の木の下で、真剣に花びらキャッチ！

旅館のお布団では、ゴロンとでんぐり返し。

そして、長靴を履いて水たまりをジャブジャブジャブ。

おまけに、ストローでブクブク。――これらはすべて〝最近の〟ワタクシの行動です。

厳しい家庭で育ったこともあって、子どもの頃にはこんな〝お行儀の悪いこと〟はできませんでした。ところが大人になって、昔「ダメ」と言われたこと、中でも特に〝あきらめられなかった〟ことをやってみたのです。

すると、「いい／悪い」ではなく「楽しい／楽しくない」「好き／嫌い」が判断基準だった頃の、理由もなくワクワクする心地良さがわき上がってくるのです。

あなたにも「ダメ！と言われたけど、やってみたかった」こと、あるのでは……？

大人になった今なら、子どもの頃に禁止された理由は理解できるでしょう。中には本当に危険なことや命にかかわるようなこともあったはずです。怖い思いや痛い思いをして自分で止めたこともあるでしょう。

いっぽう「みっともない」「お行儀が悪い」「うるさい」などの理由で禁止されていたことは、大人になってやってみると意外に楽しいのです！

私の場合、それが「長靴で水たまりジャブジャブ」というわけです。

もちろんその行為自体には何の生産性もありません。そもそもするべき理由もなければ、機能・効能、何もないのです。しかし、やってみるとなぜか楽しい――。これは善悪や理屈ではなく、極めてナチュラルな感覚としての「好き／嫌い」のモンダイ。いわば〝魂からわき上がる好奇心〟がそうさせていることなのです。

行動の自由を奪っているのはあなた自身

本来、大人になれば自分の責任で自分の行動を選んでいいはずなのですが、なぜ楽しいと感じることに制限を設けてしまうのでしょう。意外と多いのは、無意識のうちに「楽しい」と感じること自体に罪悪感を抱いている人。それがさらに進むと、自由な心そのものを自ら封印してしまうのですね。

たとえば、好き嫌いをはっきり言う、言いたいことをその場で言う――。こうした自己表現さえ、悪いこと、嫌われる行為として抑制してしまうのです。

もちろん適度な自制心や道徳観念は必要です。そのことを前提として、それを身に付けた今だからこそ、本当はもっと自由になっていいと私は思います。

あなたも子どもの頃、きっとこんなことを考えましたよね。

「大人になったら、もっと自由になれるのに」……。

大人になったあなたの行動を規制しているのは、他ならぬあなた自身です。適度な自制心は必要とはいうものの、

「好きなことができない、言えない、思いつかない」

「楽しいことが分からない、できない、感じられない」

こんな自覚があるのなら、それは子どもの時代に「好き」や「楽しい」が禁止された名残である可能性が高いですね。条件反射的に「好き」や「楽しい」にブレーキをかけてしまうケースが多いのです。

大人になると、子どものような〝無邪気さ〟を失ってしまうわけでは決してありません。本当なら楽しんでもいいはずの場面で理屈や理由が先行してしまい、〝無邪気さ〟を感じにくくしているだけなのです。

あなたが心の奥にしまったままにしている「やりたかったこと」は、いったい何でしょう？　それが誰かの迷惑にならないことであれば、こっそり試してみてはいかがでしょうか。

ワクワク感を共有できるお友達と一緒なら、心身のリフレッシュ効果も高いはずですよ！

★生きる歓びがあふれだすルール32

魂からわき上がる好奇心を大切に。
適度な自制心を身に付けた今だからこそ、もっと自由になれる！

〝無邪気マスター〟を持とう

ひとつの現象にふたつの異なる反応

東日本大震災の直後からテレビＣＭが一斉に自粛され、公共広告機構のＣＭが繰り返し流されていたことをご記憶でしょう。

「不愉快だ」という人もいれば「癒やされた」という人もいて、実にさまざまな反応があったようです。あなたはどのように受け止められましたか？

私はといえば、実はあの「ぽぽぽぽ〜ん♪」のＣＭがお気に入りで、厳しい状況の中でしたが、流れるたびにテンションが上がったものです。

当時「ぽぽぽぽ〜ん♪」のＣＭについて、いろいろな人に「どう思うか」を聞いてみて、次の２つのことに気づきました。ひとつは、小さい子どもにはたいていウケがいいこと。もうひとつは、そういうお子さんを持つお母さんにもウケがいいことでした。

もちろん「繰り返しがしつこい」とか「イライラする」という人の気持ちも分かるので、どちらが正しいか――という話ではありません。

さらにあちこちで意見を聞いているうちに疑問として浮かび上がってきたのは、「受け取っている現象（＝ＣＭ）は同じなのに、なぜこれほどまでに反応の差が出るのか」という点でした。

私なりにつかんだ結論は「子どもたちには余計な先入観がなく、無邪気だ」という事実です。

そのため、ある現象と向き合ったときに「良い／悪い」「正しい／正しくない」ではなく、「好き／好きじゃない」というシンプルな判断基準で次の行動を決めていきます。「好き」ならば迷わず「楽しむ」を選択する――。この素直さは〝才能〟といえるかもしれませんね。

お母さんたちはどうかというと、そんな子どもたちと接しながら、自分が無邪気だった頃の「楽しみ方」を復習しているのだと思います。子どもの持つ〝才能〟を見習っているから、大人でも「ぽぽぽぽ～ん♪」を一緒に楽しめるのでしょう。

喜ぶことは恥ずかしい⁉

かなり以前ですが、こんな出来事がありました。ある人と話しているときにとてもうれしい話題になり、私は思わず、

「いぇ～い！　ハイタ～ッチ！」と右手を挙げました。するとその人は、

「そういうの、できない」と拒絶したのです。

場所は私の部屋でしたから他人の目が気になるわけでもなく、ケガでも潔癖症でもない。その人はただ、

「喜ぶことがバカみたいで恥ずかしい」と言うのです。

当時の私にはその行動が理解できなかったのですが、今の仕事をするようになって分かったことがあります。

理由は人それぞれなのですが、「おとなしくする」「目立たない」「はしゃがない」「笑わない」などを自分に課し、自分で自分を束縛しているうちにその〝自縛〟から抜ける方法を忘れてしまうことがあるのです。さらに言えば「自分を束縛したこと」自体を忘れてしまうことも起こります。

こうなると喜び方はもちろん、自分の感情表現の方法が分からなくなってしまい、喜べるのに「喜べない」と思い込んでしまう。さらには自分自身を「喜べない性格の人」と思い込んでしまうのですね。

楽しめない、好きになれない、興味が持てないなど、思い込みによる自己暗示で困っている人は結構多いのです。

こうした自己暗示から抜け出すためには、まず自分自身が「本当は楽しめる、喜べる」ということを思い出すところから始めていきます。

その時に助けてくれるのが、あなたの周囲にいる〝無邪気マスター〟とでも言うべき存在です。子どもはもちろん、無邪気な大人でも大丈夫。先ほどご紹介した「ＣＭを見て楽しむ子どもたちを見て、お母さんたちも一緒に楽しむ」と同じ理屈です。

子どもたちは常に好奇心を持ち、今生きている世界そのものを楽しみ、どんなことでも「遊び」にしてしまいますね。いわば、遊びの天才です。しかも偏見や先入観とは無縁ですから、あらゆる物事をストレートに受け止めることができるのです。

「楽しめない」で困っている方はもちろん、そうでない方も、彼らの〝無邪気さ〟という才能を見習い、伸びやかな生き方を思い出してみてはいかがでしょう。

あなたを律している判断基準は、すべて〝あなたの中〟だけのもの。それはいつの間にか作られた価値観といってもいいでしょう。それに縛られるのも、そこから抜け出すのも、あなた自身なのです。

★生きる歓びがあふれだすルール33

先入観がないから、子どもは「好きだから楽しむ」ができる。
楽しみ方を見失ったら、子どもの無邪気さを見習おう。

恋愛初期の「会いたい気持ち」のように

「ウソを口にしたくない」の真相は？

一流のアスリートが競技の前に、最高のパフォーマンスをしている姿やメダルをかけてもらうシーンなど、自分が「できる」イメージングをしているという話はご存じでしょう。反対に、ミスしてしまった場面など「できない」自己暗示にとらわれてしまった選手がいたとしたら、実力を発揮できる可能性は高くない——。これも容易に想像がつくと思います。

このことを私たちの日常に置き換えてみると、こんなシーンが浮かんできます。

「○○だからできない～」を、口癖のように発する人がいたとしましょう。使い慣れてしまうと、できない理由を述べることがトラブルを避けるための最善策のようにも思えてきます。あらゆることに対して「責任転嫁＝ラク！」という感覚が染みついてしまうのですね。

その結果、頑張ること、立ち向かうこと、工夫すること、相談すること、ほかにもさまざまな「〇〇する」ためのアクションがあったはずなのですが、それらをすべて放棄してしまうのです。

こうした状況に慣れ親しんでしまうと、あと少し頑張ればできることに対しても、「〇〇だからできない」と自分自身をどんどん甘やかしてしまいがち。最終的には「〇〇だからできない」ではなく「私はできない」へとさらに後退してしまい、立ち上がるきっかけになる好奇心さえ失ってしまうのです。

ある時、私は一人のクライアントさんに、

「自分に言い聞かせるのであれば、『私はできない』ではなく『私はできる』にしてみたらどう?」

と、提案したことがありました。

すると彼女は、こう答えます。

「そんなウソを口にして自分をだましたくない!」

――その時点で彼女はこう信じていたのです。

「私はできる」はウソ。
「私はできない」が真実。

ところが「できる／できない」は「する」を選んだ後でなければ判断がつかないはず。つまり、実際に「してみる」までは分からないのです。彼女が立ち向かうことなく選択していた「できない」は、真実とは言えないのですね。

できない・しない・したくない

「人間はエラ呼吸ができません」――これは〝しなくても分かる〟真実です。
「人間は泳げません」――これは〝しなければ分からない〟ことです。

ここでお話ししている「できる／できない」は、もちろん後者の〝しなければ分からない〟ことについてですね。この種の「できない」は、工夫次第、努力次第、練習次第でいくらでも「できる」ようになります。

「できない」と主張する人の多くは、まだ「していない」時点で「できない」とかたくなに信じ、「できる」ことを疑ってしまうのです。

なぜなのでしょう――。

それは「できない」と信じることが「しない」ことの免罪符であったり、「したくない」と言うだけの勇気がないことをカモフラージュするためだったりするのです。

どんな人でも、嫌いなことや得意ではないことをするのは苦痛です。「できない」と言い訳をして逃げ出したくなる気持ちも分かります。しかし、逃げてばかりでは現状が変わらないだけでなく、気がついた時には後戻りができないほど自信を失ってしまうことにもつながりかねません。

そうならないために、いつか必ず向き合わざるを得ないことであるならば、それらを楽しむ工夫をしたいですね。

恋人と付き合い始めたばかりの時期、私たちはどんなに仕事が忙しくても「会う」ための工夫や努力を惜しみません。

「忙しいけど、会いたい！」と、素直にがんばれるのです。

ところが、ある時期を過ぎると、

「忙しいから、会えないね」に変わってしまうことがあるでしょう。もしもこうなってしまったら、残念ですが〝潮時〟と考えたほうがよさそうですね。

恋人に会うため、あらゆる物理的な障壁を乗り越えた〝あの時〟の気持ちや工夫があれば、嫌いなことや得意でないことに対しても、常に前向きな姿勢で臨むことができるはず。

「忙しい」「できない」と言ってチャンスを見過ごしていては、一生なんてあっという間にGAME OVERです。

★生きる歓びがあふれだすルール34

責任転嫁がクセになると、好奇心まで失いかねない。

どうせ向き合うことなら、楽しむ工夫をしたい。

「ね！」作戦で楽しみ上手になる

一緒に食べる食事はなぜおいしい？

スピリチュアルカウンセラーとしての霊性や集中力を向上させるため、私は年に何度か、10日間程度の断食を生活に取り入れています。

「食べないで、つらくないの？」という質問もいただきますが、食欲は思いのほかコントロールできるもの。つらいのはコミュニケーションの機会が極端に減ることです。

食事は一人で食べるより誰かと一緒のときのほうがおいしく感じますよね。これは、なぜなのでしょう。一緒だから一人だからといって、アミノ酸の量が増減するわけではありません（当たり前ですね！）。

手掛かりになりそうなのは、「これ、おいしいね！」という会話があること。気心の知れた相手との食事なら、「おいしい」という感動を言葉に表し共有するという行動が、さほど意識せずにできているのです。

では、一人で食べているときに「おいしいね！」と言ってみたら、果たしてどうなるでしょう。これはご想像のとおり虚しい結果となりそうです。おいしく感じる効力も、残念ながら期待できそうにないですね。

誰かが一緒にいて「おいしいね！」を受け止めてくれるからこそ、感情を素直に表現し、共有することができるのです。

「おいしい」に限らず、「楽しいね！」「うれしいね！」「ステキだね！」「面白いね！」など、「～ね！」は相手がいるからこそ活きてくる言葉。

感動を共有しましょう――と言われて「少し苦手だなぁ」と思う人も、「おいしいね！」「楽しいね！」など、最後の「ね！」を意識して使ってみてはいかがでしょう。それだけで人生の「喜び」をたくさん感じることができるようになっていきます。

あなたが「ね！」を発したとき、相手が共感してくれないこともあるでしょう。とくに「別に」などの反応があると、次の「ね！」を言いづらくなってしまいますね。

しかし、それで憶病になる必要はまったくありません。たまたまその人は「そういう感想を持った」というだけのこと。「同意されないこと＝自分に対する否定」ではなく、意見の相違と考えればいいのです。

「ね！」作戦で楽しみ上手に

人によって違いはありますが、大人に比べ、子どものほうが感情を素直に表すことが得意です。成長につれて、世の中の出来事に対する驚きや感動をストレートに表現することを抑えようという意識が働くようになるのです。

ところが抑え続けているうちに、いつの間にか感情自体がすっかり衰えてしまい、無感情、無表情、無感動な状態に陥ってしまうケースがよく起こります。こうなると途端に世界が色彩を失ったように、退屈なものに見えてしまうのです。

感情は筋肉と同じで使わないと衰えていきます。思い当たる方は、まず感情を生き生きさせる練習から始めましょう。「毎日が楽しくない」と嘆いている方の中には、「毎日の楽しさが見つけられない」だけという人も多いはずです。

こうした人たちに有効なのが、ご紹介した「ね！」作戦。「おいしいね！」「うれしいね！」

「ステキだね！」など、「〜ね！」を口癖にしてしまうのです。筋トレと同じように少しずつ継続し、「楽しみ上手」になってしまいましょう。

★生きる歓びがあふれだすルール35

感動は言葉に出して共有を！
「ね！」の力を意識して、楽しみ上手になろう。

オトナの無邪気を生きる

オトナだけに許される無邪気とは？

お気づきかと思いますが、この本のあちこちに「無邪気」「無邪気さ」という言葉が出てきます。これは私自身がハッピーに生きるために実践していることであり、常にそうありたいと考えていることです。
この項では大好きな（！）２冊の本をご紹介しながら「オトナの無邪気」についてお話ししていきましょう。

『ティファニーのテーブルマナー』（鹿島出版会）という本が日本で翻訳〜出版されたのは、東京オリンピックが開かれてから５年後の１９６９年。今でもちゃんと手に入る、超ロングセラーです。

表紙の色は宝飾店ティファニーのラッピングと同じ〝ティファニーブルー〟。おしゃれな挿絵がたくさん入ったテーブルマナーの本なのですが、普通のマナーブックとはひと味違います。

歴史と伝統を誇る宝飾ブランドがつくったものですから、内容はとてもマジメでマトモ。「あれはダメ、これもダメ」という、どちらかといえば堅苦しいテーブルマナーが紹介されています。ところが本の最後にこんな趣旨の一文があるのです。
「これで作法の心得がわかりましたから、作法を破ることができます。しかし、作法を破るには十分社交知識がいることを忘れないでください」

なんとチャーミング！

これこそが「オトナの無邪気」の本質です。

「オトナの無邪気」とは十分な教養やマナー、常識をわきまえたうえで、積極的に人生を楽しむためにたしなむオトナならではのユーモアのセンスです。

もう一冊は、桃井かおりさんが書かれた『賢いオッパイ』（集英社）。この本について取材を受けた桃井さんが、次のように話されていたのがとても印象に残っています。

「洋服を着る。その着るを学んで初めて着こなすことができる。その着こなすができて初めて〝着崩す〟ができる。

同じように生きるをして生きこなすができて〝生き崩す〟。それが楽しい」

わぉ！　思わず「私もこんな生き方をしたい……」と言いたくなるフレーズですね。

人生を自由に美しく生きる人は、きちんと〝生きこなす〟ことを踏まえたうえで、ある種のマナー違反、破天荒さを無邪気に楽しんでいる。すなわち〝生き崩し〟ているのだと私は思うのです。あなたは、どう感じられますか――。

ちなみに男性であれば、聞き及ぶ範囲ながらビートたけしさん、アインシュタイン博士。チャーミングで無邪気な〝生き崩し方〟を知る「粋人」という感じがします。それ以前にカッコよくて、しかも楽しそう！　力まずに生きるのが上手そうな印象です。

「オトナの無邪気」が成立する条件

子どもの無邪気とオトナの無邪気は明らかに違います。「オトナの無邪気を生きる」ためには、まず分別あるオトナであることが大前提。そのためには、生きるための型《かた》をきちんと学び、精神的に自立していることが必要です。さらには挑戦心、柔軟性、好奇心。これらを失ってはオトナとはいえません。

たとえば、

「自分自身の怠け癖を肯定するため、恐怖や苦手という言葉で未知のものに対する挑戦心や、新しい考え方、環境に対する柔軟性をなくしてしまう」

「自分探しという言葉にかまけて、自分磨きに対する好奇心を失ってしまう」

――これではオトナではなく、大きなコドモですね。

「無邪気な～」というと、普通は子どものことですよね。「屈託のない笑顔」などとよくペアで用いられる言葉。この場合の「無邪気」は誰から見ても明らかに良いイメージでしょう。ところが「無邪気な大人」は、人によっては無作法や無礼などに近いイメージを受けるかもしれません。

しかし、最高にステキな大先輩のこんな言葉を思い出すと、再び〝無邪気エンジン〟の回転数が上がってしまいます。

洗練され自立した女性のパイオニア、キャサリン・ヘップバーン曰く、

「すべての規則に従っていたら、楽しみを全部逃がしてしまう！」

★生きる歓びがあふれだすルール36

〝生き崩す〟が「オトナの無邪気」の本質。

「オトナの無邪気」を生きるには自立したオトナであることが大前提。

人生という名のテーマパークを楽しむ方法

明日を左右する〝2つのフィルター〟とは

「大の大人が」とか「いい年をして」と言われてしまいそうですね。実は「超」がつくほど好きなのです。ディズニーランドが……！　年に何度か訪れては〝はしゃぎ回る〟のですが、楽しいだけではなく「人生の歩き方」について学ぶことも多いと感じています。

本日は皆さまを「夢と魔法の王国」へとご案内しながら、テーマパークのように人生を楽しく生きる方法をご紹介していきましょう。

お気に入りの施設のひとつは、お化け屋敷「ホーンテッドマンション」。施設内は暗く内装も不気味。高度な映像技術、音響技術などを駆使して演出される「恐怖」は、とても〝子どもだまし〟とは言えません。

興味深いのは、入場を待っている子どもたちの様子です。これから行くところは同じなのに、ワクワク顔をしている子もいれば、こわばった表情で中には泣き出してしまう子もいます。

「何が起きるのだろう!」～期待十分（↑）というテンションならば、あの場所は最高に楽しくて、ワクワクドキドキ「ヤッホー!」な感じ。

ところが「何が起きるのだろう」～恐る恐る（↓）モードだとすると、最高に恐ろしい、トラウマにもなりかねない場所なのかもしれません。

人生も同じです。

「何が起きるのだろう」と先の予測をしながら進むときに、「きっと恐ろしい」と考えるか、「きっと楽しい」と考えるかによって、その後の人生が大きく変わると言っても決して言い過ぎではありません。

まったく同じ状況や出来事であっても、

【恐れのフィルター】を通して見る人

どんな些細なことも〝大きな恐怖〟のように見える。

すべてが敵！　すべてが障害！　すべてが失敗！　すべてが最悪！　というように、「人生はつらいもの」思考が出来上がってしまう。

【喜びのフィルター】を通して見る人

どんな困難や失敗も〝良くなる〟ための材料に思える。

道端の石、たまたま見かけた広告や車のナンバーでさえ、自分にエールを送ってくれていると感じる。

「楽しみを見出す」ことが上手にできるようになる。

……いかがでしょう。どちらのフィルターと一緒に人生を歩まれますか？　あなたは、どちらでも好きな方を選ぶことができるのです！

ミッキーマウスに入っているのは？

この話をすると「アタマ、大丈夫？」と、ときどき心配されてしまいますが、断言しましょう。

「ミッキーマウスの中には、ミッキーの魂しかいません！」

これが事実であるかどうかは、実は問題ではないのです。

もちろん現実的な話でいえば「係の人が入っている」ことは承知していますし、ディズニーランドが夢と魔法の王国ではなく複合型商業施設であることも理解しています。

しかし、いかにディズニーランドを楽しみ尽くすかという視点に立ったとき、断じて「ミッキーの中はミッキーの魂」です。これが私にとっての〝真実〟であり、いちばん大切なことなのです。それ以外の事実はすべて不必要です。


現実逃避をして事実から目を背けようとしているのではなく、事実は事実としてしっかりわきまえたうえで、自分自身を１００パーセント楽しませるスキルとして「自分にとって大切な〝真実〟」をしっかり持っているのです。

もちろんこれは「私だけの真実」です。このことを誰かに強要したり、見方の違いを非難したりはしません。もしも誰かと共有できたら、それはそれは最高に楽しいのですが……。

人生はディズニーランド

「人生」はディズニーランド！

そのココロは「楽しんだモノ勝ち」です。

恐る恐る歩むか、ワクワクしながら歩むか。

ケチをつけながら歩むか、楽しみを見出しながら歩むか。

「ミッキーの中に人がいる」と言うのも、その人の自由。

「ミッキーに魔法をかけられた！」と言うのも自由。

大切なのは「その人にとっての〝真実〟は何か？」ということです。

スピリチュアル的に言うならば、世界には善も悪もなく、「善」ととらえる心（喜びのフィルター）と「悪」ととらえる心（恐れのフィルター）があるだけ。世界を望むものにすることができるのは、ほかの誰でもなく、あなた自身なのです。

人生をもっと面白がってみたいなら、「何かいいことありそう！」「次はどんな面白いことがあるんだろう」を口癖にするだけでもＯＫ。

反対に「いいことなんて続かないのよ」「苦労してナンボ」とか「なんだか退屈」「いいい出会いがない」「お金がない」などの口癖は、「悪」ととらえる心（恐れのフィルター）に力を与えてしまうだけ！　今すぐ止めてフィルターを「恐れ→喜び」に交換しましょう。

その瞬間から、世界は夢と希望あふれるテーマパークになるのです！

★生きる歓びがあふれだすルール37

人生は楽しんだモノ勝ち！

世界を望むものにすることができるのは、あなた自身。

第5章　世界がキラキラになる！　ものの見方、考え方

お金をこう使うと、どんどん豊かになる！

〝サービスの鑑《かがみ》〟といえるお店

「今日はグランデサイズでしょうか？」
週に何度か立ち寄るスターバックス三鷹店ではオーダーの際にサイズしか聞かれません。もしくは「今日も珠生さんドリンクでよろしいですか？」のひと言。ほとんどの店員さんが私のオーダーを覚えていてくれるからです。

フルリーフチャイラテ
グランデサイズ
オールミルクの豆乳（お湯は絶対入れない）
エクストラホット
シロップはバニラに変更（本当は昔あったアーモンドシロップが最高！）

そして、2ポンプ――。

同じスターバックスでも他のお店に行くと、間違って出てくることもある〝わがまま放題〟なオーダー。三鷹の店員さんも最初は「?」な表情でした。ところが、次に行ったときには完璧に覚えてくれていて、逆にビックリしたくらいです。

なぜ、完璧だったのでしょう。好奇心に〝火〟が着いた私はすかさず、

「えっ、こんなに長いのに、なんで覚えてるの?」と質問。すると、

「はい。次にこのオーダーをいただいたとき、きちんと受けられるように仲間で練習したんです」と、ニッコリ。

聞けば私が店を出た後、店員さん同士で〝次〟へのリハーサルをしてくれたそうなのです。

これには、感動……。以来、他の店舗にはほとんど足が向かなくなりました。

受け取る側も使う側も感謝する

今朝もサロンにお客様を迎える前に立ち寄りました。

「おはようございます!」

心地よい挨拶に始まり、注文～受け取りの数分間は他愛もない世間話。ステキな笑顔のおもてなしを受け、店を後にするときには、
「行ってらっしゃいませ」
と、しっかり視線を合わせながら見送ってくれるのです。

おかげで今日という一日がハッピーにスタート。しかも、これで500円とちょっと。一日の始まりにふさわしい笑顔、楽しさ、情報、張り合い、信頼、うれしさ、おまけにドリンク。すべてまとめてこのお値段。

ならば、負けじと私もサービスについて感謝の言葉、笑顔、ねぎらい、共感、報告などなど、最後にはしっかり挨拶をつけて支払うのが、500円とちょっと。

こうしたやり取りが、実に気持ちいいのです。いわば「愛を伴う〝お金〟というエネルギー」の交換。安価や無料ばかりを「よいもの」とするのではなく、価値のあるものをそれにふさわしい対価で受け取るのです。

「お金」は価値を交換できる便利な道具です。しかし、「お金の分だけ働く」「値段の分だ

け支払う」では、それ以上の豊かさを生み出すことはありません。

使う側、受け取る側の双方が思いやり、感謝、愛情を一緒に交換することによって、道具の良さを最大限に生かせるのです。そしてこの交換は、さらなる思いやり、感謝、愛情のエネルギーを連鎖反応のように生み出していきます。

出勤前の飲み物がこの値段では「高い！」と、感じた方もいらっしゃるでしょう。しかし、私にとっては単なる飲み物ではなく、心を温め、やる気を高め、人の愛に気づき、仕事に臨む謙虚な姿勢を思い出させてくれる〝スペシャル〟なもの――。

ここまで読んでくださった皆さんには、もう説明の必要はないかもしれませんね！

★生きる歓びがあふれだすルール38

安価や無料ばかりを「よいもの」としない。

愛を伴うお金（＝エネルギー）の交換が豊かさをもたらす。

物事は「どう受け止めるか」が大切

ある地方銀行の機転

2011年3月。震災直後の混乱のさなか、被災地に建つある地方銀行の前に人々の列ができたそうです。聞けばこの銀行の頭取が「当行に口座があろうとなかろうと、1人10万円まで貸し付ける」という英断を下した——というのです。

着の身着のままで避難生活を余儀なくされた被災者の方々にとって、この銀行頭取の〝機転〟がどれほどありがたいものだったのかは、想像するまでもないでしょう。

このとき実際にお金を借りた人は、4万人ほどだったそうです。そして、震災から1年半が経過した頃「約4万人の人、全員が返済を終えた」というのです！

実はこの話は「伝聞」です。実際は「貸付」ではなく、本人確認ができれば通帳などがなくても「引き出し」に応じた——が真相のようですが、私が受けたインパクトの強さをそのままお伝えするため、あえて当時の「伝聞」のまま書かせていただきました。

「スゴイね！」

私がこの話をすると、聞いた人の最初の反応は、ほぼ決まっています。すかさず、「じゃあ、どこがスゴかった？」と聞くと、ここから先はそれこそ〝人それぞれ〟で、

「1年半で回収できたなんてスゴイ！」

「全員というのがスゴイ！」

「でも、回収に1年半もかかったなんてびっくり！」……。

「信頼って素晴らしいね」という人もいれば、

「日本人って、ステキだね」と、涙ぐむ人。

中には「阪神淡路大震災でも同じようなことがあったんだよ」と解説してくれる親切な人もいます。


ちなみに、私自身は「頭取の覚悟」がスゴイと思うのですが、要するにみんな「自分が聞きたいようにしか、そのストーリーを聞いていない」のです！

主役＝受け手でいいのです！

サロンに通ってくる生徒さんたちには、よくこんな話をします。

彼女たちは私が話をすると徐々に引き込まれて、顔をのぞき込むようになってくるのですが、そこでひと言。

「今、私がいい話してるって思ったでしょう？　けど、そんなこと絶対思っちゃだめだよ！」

きょとんとする生徒さんに、さらにこう続けます。

「私の話なんて、録音して後で聞いたら単なる与太話だよ！　もし、いい話に聞こえるなら、こんな与太話の中から〝いいところ〟を見つけ出す耳があるってことのほうが、どんだけ素晴らしいかってこと！」

充実したカウンセリングは、カウンセラーの力だけで成立するわけではありません。私が伝える内容を「いい話」として受け止めているのは、彼女たちの「耳」であり「感性」。その感性に、もっと自信と誇りを持ってもらいたいのです。

私の話を聞いたり、あるいは生き方を説く本を読んだりして安心するのではなく、話の内容や本の内容に注目し、それを「どう感じるか」「どう受け止めるか」が大切なのです。

有名な『星の王子さま』（サン＝テグジュペリ著）を読んで、「大切なことは、目には見えない」というところを覚えている人もいれば、挿絵がかわいいことを覚えている人もいますね。結構です。正解はありません。答えは〝その人の中〟にあります！

皆が読みたいように読んで、覚えたいように覚えている――。それで、いいのです。あくまでも主役は「受け手」なのですから。

★生きる歓びがあふれだすルール39

人は自分が聞きたいようにしか、他人の話を聞かないもの。
主役は「受け手」。すべて物事は受け止め方次第。

気づきは意外なところにこそある

ダライ・ラマ来日講演で起きたハプニング

「ラマさん！」

突如、会場に響き渡った野太い男性の声――。

チベット仏教の最高指導者ダライ・ラマ法王が来日した２０１３年11月。講演会の会場となった東京・両国国技館で、参加者が一瞬〝凍りつく〟ようなハプニングがありました。

「仏教の智慧を日常に活かす」という内容で開催された講演会。プログラムの中に設けられた「質疑応答セッション」の時間、質問したい人が列を作り並び始めたときに起きた出来事です。

「あなたは『人間は平等だ』というが、質問できるのはアリーナ席の人だけ。それについて、どう思うのだ！」

その男性は、２階席からいきなり大声でこんな内容の発言を始めました。周囲の人は「怖い人」「少しへんな人」という反応で、ただ事のなりゆきを見守ります。すると、ダライ・

ラマはその男性に向かって「アリーナに下りてきたらいい」という内容を伝えたのです。

2階席から1階へと下りてきたその男性、それまでの行列を無視してダライ・ラマに近づくと、大声でこう話し始めたのです。

「あなたに質問がある。俺には夢がある。俺は昔から〝妖怪〟になりたかった。この夢についてどう思う！」

うなずきながら聞いていたダライ・ラマは、次のひと言を発しました。

「Dream is dream.」

夢は夢でしかない――。それは、夢があるなら、かなえるために現実的なアプローチをし、頑張ればいいというメッセージだったのです。

心を揺さぶられた2つの気づき

実は私、この講演会には行けなかったのです。「心の師と仰ぐ」というと生意気に聞こえるかもしれませんが、法王は私のヒーロー。ずっと楽しみにしていたのですが、都合がつかなくなってしまい、チケットは知り合いに。

このエピソードは帰ってきた知人から聞いたのですが、私は2つの大きな「気づき」を得ることができました。

【気づき1】多くの人は、眠って見る「夢」と、将来に向けた願望の「夢」の区別が明確についていない。

この区別がしっかりできている人は、かなえたい「夢」の実現のために課題を整理したり、協力者を募ったりなど現実的なアプローチができる。ところがそうでない人は、待っていれば「夢」はかなう、誰かが与えてくれる、神様にすがれば何とかなるなどと考えてしまうのです。

2階席から大声を上げた男性も、実は後者。「妖怪になりたい」という夢を〝誰かがかなえてくれる〟と考えていたのですね。法王の「Dream is dream.」は、まさにそのことに気づかせてくれるメッセージだったのです。

仮に6億円がほしいなら、6億円を稼げるビジネスモデルを考える――。これが、区別がついている人の考え方。いっぽう、区別のついていない人が考えることは、せいぜい「宝くじを買う」程度なのです。

より現実的に大きな成功につながるのはどちらなのか、そこに考えが及ばない人がとても多いのです。

【気づき2】気づきや学びは、どんなときに、どんな人から伝えられるか分からない。それは暴力的な人や苦手な人かもしれない。

講演会でいきなり大声を発した男性に対して、あなたはどう思われますか。「自分はそんな場の空気を壊すようなことはしない」という方が大半でしょう。

ところが彼の「常識外れな行動」が私たちに学びを与えてくれたわけですし、何よりその場に居合わせた人、そしてこの本を読んでくださる皆さんに「Dream is dream.」～夢は夢でしかない～ということに気づかせてくれるきっかけになったのです！

その男性は自分の魂を活かす行動をし、役割を果たしてくれました。彼を「悪者」と決め付けるのは簡単ですが、立派に世界の人々に貢献したのです。

多くの人は、まず「お利口さんにしなくちゃいけない」と考えます。ですから、そのとき2階席の人たちは黙っていたのですね。しかし、隣の人が常に正しいことをしているとは限りません。「平等じゃない！」と叫んだ彼は、大人しくしていた人たちの代弁者だったのかもしれないのです。

ダライ・ラマも、彼が「俺も質問をしたい！」と望んだから、近くへと導いたのです。もしも望んでいれば、2階席にいたほかの人も同じことができたかもしれません。

それにしても「俺は妖怪になりたい」という発言に対して善悪の判断をいっさいせず、「夢は夢でしかない」と答えた法王――。参加された方は、至高の時間を過ごされたのだと思います。

★生きる歓びがあふれだすルール40

夢を実現するためには、目標に向けた具体的なアプローチが必要。

いつ、誰から伝えらえるか分からない「気づき」に備えよう。

言葉づかいで世界の色は変えられる！

「ステキな言葉」だけで感じた世界

「やぁ！」「こんにちは！」「ありがとう！」そして「おごって！」。

覚えたばかりの４つの言葉とパスポートだけを頼りにイタリアへ渡ったのは10年前のこと。「無謀！」という周囲の心配をよそに、「笑顔とハートさえあれば、世界中の誰とでも仲良くなれる」と、１ヵ月の留学のため成田を後にしたのです。

ヨーロッパ圏の言語を学ぶのは初めてだった私は、単語帳を片手にいろいろな人とさっそく〝得意の〟おしゃべりを開始。「ほら！ジェスチャーと表情でも通じるじゃん」と日々自信を深めながら、「ステキ！」「おいしい！」「いい！」と、徐々に単語の数を増やしていきました。

不思議ですね。言葉を覚えるとき、私はなぜかポジティブな単語から身につけていったのです。理由は驚くほどシンプルで「そう言いたい」から――。要は「使いたい」順に覚えていった結果だったのです。

イタリア語での生活を始めた当初のボキャブラリーはポジティブな単語のみ。窓を開けても街を歩いても、世界はすべてステキで素晴らしく、美しく見えたのです。「ステキな言葉」しか知らなかったのですから、当たり前ですよね！

ところが学校が始まり、様相が一変しました。

学校で形容詞を学ぶときには、たいてい「反対語」とセットで覚えていきます。そのため、「気持ち悪い！」「まずい！」「悪い！」など、今まで使いたいとは思わなかった言葉まで覚えることになってしまったのです。

すると、これも不思議なことに「私のイタリア」という世界に「気持ち悪い！」「まずい！」「悪い！」が突如として現われはじめました。

特に「くさい」という単語を覚えたときは本当に不思議でした。それまで、学校までの道や街の空気、レストランの排気口、すれ違う人の香水はもちろん、車の排ガスさえも大好きで、「くさい」と思ったことはなかったのです。ところが、この単語を覚えたとたんに、ゴミ置き場、油っぽいにおい、誰かの体臭、動物の糞など、あちこちが「くさく」なってしまったように感じたのです。

もちろん実際には以前から存在していたのですが、ポジティブなボキャブラリーしか持たなかった私には、目にも意識にも入ってこなかったのでしょう。

発する言葉が世界を彩っている――。この確信は留学最大の成果だったと思っています。

うれしい言葉がハッピーを連れてくる！

イタリアで学んだことを帰国後も実践してみると、世界はそのとおり美しくなったり、ステキになったり……。

もちろん母国語である日本語から「好ましくない単語」を完全に除去することはできません。しかし、知っている言葉の中から「自分が心地よく、うれしくなる言葉」や「ステキな言葉」を選んで口にするだけでも、十分な変化が感じられました。

中でも興味深かったのは、あまり面白くないと感じていたことに対して「おもしろーい！」と反応していたら、いつの間にか本当に面白くなってしまったこと。言葉が持つ力を実感できるエピソードといえるでしょう。

もしも反対に、不満、不平、不足、不安、不運、不快、不機嫌……こんな言葉ばかり使っていたら世界はどうなるのか。「不」という文字に恨みはないのですが、想像したくもないですよね。

あなたが普段話す言葉、目にする言葉はいかがでしょうか？

「うれしい！」「きれい！」「ありがとう！」と、うれしくなる言葉やステキな言葉を素直に発していれば、かつて私がイタリアで経験した「発する言葉が世界を彩っている」という感動を、あなたと共有できると信じています。

★生きる歓びがあふれだすルール41

発する言葉によって世界は確実に彩られている。
うれしい言葉、ステキな言葉を素直に口にしよう！

「ポジティブ＝善／ネガティブ＝悪」は本当か？

必死に「いい子」になろうとしていませんか？

ある心理療法士が、こんな発言をしていました。
「人間の感情は75％がポジティブで、25％がネガティブくらいが正常」
この言葉で、果たしてどれくらいの〝ポジティブ派〟が救われるでしょうか――。

ポジティブとネガティブ。考え方や受け取り方は人それぞれ違っていいはずですが、「常にポジティブでなければならない！」とバランスを欠いた思い込みを抱えた方が、ときどきサロンに来られます。

多くの場合こうした人は、ありがたくないことまで「ありがたがって」みたり、やたらと自己犠牲に精を出してみたりと、必死に「いい子」になろうとします。そして、自分の中に怒りや不満の感情が起こることを極端に恐れ、それをひた隠しにするうちに自分の感情を見失ってしまうのです。

しかも、「いつも笑顔でいる」ように見えるため、周囲からは痛みや悩み、恐れを抱いているようには思われません。本人もそのイメージを崩さないように、必死に笑顔でい続けようとします。こうして楽しくもないのに「いつも笑顔でいる」のは、ただ単に口角の上がった無表情と変わりありません。

ネガティブであることを恐れたり、必要以上に前のめりで明るく振る舞ったりする人、いたずらに〝幸せの沸点〟を下げている人、自分の気持ちを押し殺してまで人に笑いかける人——。

ある意味では前向きで、悪いことだとは思いません。しかし、自然ではなく〝必死〟に映り、そのため〝ポジティブ疲れ〟に陥る人が少なくありません。

自分の中にポジとネガが同じ割合で存在していてもいいわけですし、仮にネガティブの要素の方が強くても、それが個性であれば問題ではありません。要は、自分の中のポジな要素、ネガな要素とどう付き合っていくのか——が大切なのです。

ポジもネガも幸せの尺度ではない！

確かに会話の端々にネガティブな要素が出てくるような人とは、あまり一緒にいたくないと思いますし、逆に努めて（全身全霊で！）ポジティブに振る舞う人と付き合うのも、正直なところ疲労感を伴うものです。とくにやっかいなのは「ポジティブもどき」「ネガティブもどき」とでも言うべき人たちです。

【ポジティブもどき】――自分がポジであることを押しつけがましくアピールする。それを共有できない相手を「ネガ」と決めつけるなど排他的な考え方や態度の持ち主。本人は楽しそうだが、一緒にいると〝無理してる感〟が伝わってきて、かなり疲れる。

【ネガティブもどき】――同じく自分がネガであることを押しつけがましくアピール。相手に対して「ネガ」を見せることに羞恥心を感じない。要は〝かまってほしい〟気持ちが屈折している状態で、一緒にいるととても疲れる。

いっぽう「もどき」ではない、いわば真正・純正の「ポジ／ネガ」の人たちは、わざわざ相手に「ポジ／ネガ」をアピールすることもなく、付き合っている相手にとってもさほど負担にはなりません。押しつけがましさを感じさせないからです。

自分が「ネガティブだ」とか「ポジティブであるべき」などと、決めつける必要はないと私は思います。たとえばネガティブな人が「ポジティブになろう」と心掛けるのならば応援したい気持ちにもなりますが、「そうあり続けなければならない！」と頑張る必要はないと思うのです。

いっぽうネガティブを嫌う人は多いのですが〝光が無ければ影もできない〟道理で、ネガになれるのなら、その分ポジの要素を持っているという証拠。いずれにしても、それらは幸せの尺度ではなく、単に性質なのです。ポジティブは「場当たり的」あるいは「いいかげん」と捉えることもできます。いっぽうネガティブを「慎重さ」「危機回避能力」と考えるのなら、人にとっては必要不可欠な要素と捉えることができるのです。

旅行の準備を例に挙げれば、
【ポジティブ】行く直前に慌てて準備するから忘れ物も多い。
【ネガティブ】あれこれ心配で前もって準備するから忘れ物もしにくい。

ちなみに私は月に1度ペースでさまざまな場所へ出張するのですが、準備はたいてい当日の朝。忘れ物の〝常習犯〟です。そんな私からすれば、ネガティブな気質を持つ方の危機回避能力や予測力が本当にうらやましく感じます。

これまでは「ポジティブ」と「ネガティブ」の2軸で語られることが多かったのですが、ポジティブにも歓迎されない（ネガティブな）側面があり、ネガティブにも歓迎される（ポジティブな）側面があります。

まずは「ポジティブ＝良いこと」「ネガティブ＝悪いこと」という妄想を手放し、それらはあくまでも個性である——と、認めるところから始めましょう。そして、自分や他者を裁くのではなく承認することで、「いい子幻想」から解放されましょう。

ポジティブとネガティブ、そのどちらでもない「平穏・平和・平静」～いわばニュートラルな状態でいられれば、それがいちばん心地よいのかもしれませんね。

★生きる歓びがあふれだすルール42

ポジ／ネガは幸せの尺度ではなく、個性。

ポジ＝良、ネガ＝悪と決め付ける必要はまったくない。

地球のハッピーのために一人ひとりができること

失敗は〝人間力〟を高めるきっかけ

「喜捨《きしゃ》」という言葉があります。自ら進んで寺社や困っている人に寄付をしたり、お布施したりすることを言うのですが、私は毎月の収入の1割を公益団体や近所の神社などに「ご喜捨」しています。

この行動を理解してもらうのはなかなか難しく、中には「貯金すればいいのに」と心配してくれる知人もいます。

なぜ「ご喜捨」するのか――。

それは自分自身の納得のためであり、ホリスティック（全体的）に見た場合「お金の巡りが良くなる」ことにつながると知っているからなのですが、何より「喜んでくださる人がいる」のがとてもうれしいのです。


「９割以上の人が日本の将来を悲観している」という調査結果があると聞いて、驚いたことがあります。

悲観したまま、ぼーっと待っていることもできますし、「自分には何もできない」という言い訳もできます。しかし「何もできない」の替わりに「何ができるか？」を考えてみることもできるはずです。

一個人がいきなり漫画の主人公のように世界を変えることはできないかもしれません。しかし、個人であればこそ、個人をハッピーにすることをていねいに考えることはできるでしょう。一人ひとりの小さなハッピーが徐々に大きくなっていって、それが結果的に人の、社会の、国の、地球のハッピーになる――と私は思うのです。

「○○だからできない」と、できない理由ばかり考え、悲観したまま何もしないのではもったいない！　悲観すること、不満や不服を感じることがあるのなら、まずは「自分に何ができるか」を考えて、行動してみればいいのです。

失敗を恐れる必要はありません。失敗したら、また違うカタチで行動してみる……。この繰り返しによって、あなたの〝人間力〟も徐々に高まっていきますよ。

ハッピーの連鎖はあなたから始まる

スピリチュアルカウンセラーは、人をハッピーにする仕事です。しかし、どんな職種どんな業界でも「人をハッピーにする」のは同じです。事務にしても営業にしても、企画や販売にしてもすべてそうですね。公務員もアーティストも、主婦業も建設も運送業も……どんな職業でも製品やサービスの提供を通じて「人をハッピーにする」ことは同じなのです。さまざま職種、職業に就く人が存在しているからこそ、世の中がスムーズに回っているのですね。

そして、「誰かがあなたをハッピーにしてくれている」ことや、「あなたが誰かをハッピーにしている」ことは、ついつい忘れてしまいがちです。逆に言えば忘れてしまうほど、それは自然なことなのです。

必ず誰かが誰かをハッピーにしていることが〝根っこ〟にあって、人があり、社会があり、国があり、地球があるのです。素晴らしいことですよね！

人に喜んでもらう。人の役に立つ。人に最善を尽くす。これらはすべて自分自身を喜ばせることとイコールであり、同時に人を、社会を、国を、地球を善くすることでもあるのです。将来を悲観的に思う〝９割の人〟は、自分自身が世界を善くできる一員だということを知らないのかもしれません。そんな人には、大きな声でこうお伝えしたい！

「自分自身が誰かに喜ばれる存在、すなわち世界に求められている存在だと気づいたとたんに、世界は一斉にほほ笑み出します」

特別な資格も学歴もない私ですが、人をハッピーにする、人とハッピーになることに関する知識、経験、見聞、モロモロは、この分野のプロとして常に準備しているつもりです。プロですから手を抜きませんし、妥協もしません。喜んでくださる方がさらに増えるように、慢心せず日々努力、日々精進、日々感謝――。そのためにできること、と試行錯誤をするうちのひとつが「ご喜捨」なのです。

誤解のないようにお伝えしておきますが、すべての人に「ご喜捨」が必要なわけでも、スピリチュアルな感性が必要なわけでもありません。

なるべく笑顔で接するように心がける、なるべくステキなニュースをシェアする、なるべく元気よく挨拶する……。できることから始めていけば十分です。

そしてすべての人が、すべての人に対して「あなたは喜ばれる存在なのだ」と教え合えるようになれば、涙が出るほどハッピー!

人々は世界の一部であり、同時に世界は人々の一部なのです。

★生きる歓びがあふれだすルール43

「自分に何ができるか」を考え、まず行動してみる。

笑顔で接する、元気に挨拶するなど、できることから始めよう。

スピリチュアルとの健全な付き合い方

〝天使の羽根〟が降ってきた？

手帳の透明なカバーの内側に、私は〝あるもの〟をはさんで持ち歩いています。四つ葉のクローバーを見つけたときのように、1本の白い羽根を大切に取ってあるのです。

信じてもらえないかもしれませんが、スピリチュアルの力を借りて行うさまざまなセッションの最中には、毎回のようにたくさんの小さな羽根が、ふわーっと落ちてきます。

それらは、たまたま誰かのダウンジャケットの縫い目から飛び出したものが風に舞って、偶然にもそのタイミングで降ってきたものかもしれません。あるいはご近所のバルコニーで日光浴を楽しんでいる羽根布団が〝真犯人〟という場合もあるでしょう。

しかし私が手帳にはさんでいる羽根は、ただ風に乗ってきたにしては大きすぎる、長さ10センチもあるようなもの。チャネリング（天使や神様とつながって会話する）瞑想をしている時、「天使に頭を触られたなぁ」と思ったら、本当に頭に乗っていたのです。それは〝プロのスピリチュアル屋〟である私ですら、心底驚いた（！）出来事でした。

受け取れるか、見逃してしまうか

セッションでは毎回のように落ちてくる小さな羽根ですが、誰もがそれに気づくわけではありません。ダウンジャケットの羽毛程度なら、「今日はホコリっぽいわね」で終わってしまうのが普通でしょう。私の手帳の羽根にしても、本当は鳥の羽根か何かが、たまたま気流に乗ってたどり着き、タイミングよく落ちてきただけ――かもしれません。

いっぽう、降ってきた羽根を見て、

「これは天使の祝福だ、福音だ！」

と、心から喜べる人たちもいます。

目の前で起きたことを〝普通のこと〟として見逃してしまう人もいれば、〝奇跡〟を見出して喜べる人もいます。同じ出来事に対して、受け取り方に差が出てくるのはなぜなのでしょう。

たとえば、「虹があるはず」と期待して空を見上げる人は、そうでない人に比べ多くの虹を見つけることができます。消える寸前で色が薄くても、「虹があるはず」という前提で探すからです。

同じように、この場合も「天使が助けてくれている」という気持ちで見ているからこそ、「これ、羽根じゃない？」と〝天使のいたずら〟に気づくことができるのです。

要は、受け取り手に準備があるか無いかの違いです。準備があれば、起きていることを受け取ることができる。準備がなければ見逃してしまう――。ここが〝分かれ道〟なのです。

見逃してしまえば、どんな奇跡も当然記憶には残らず、時間が経てば「無かったことと同じ」になってしまいます。多くの人は「見逃したことは起きていない。自分が知っていることがすべて」と考えてしまうのですね。

突き詰めていくと、漂ってきたその羽根を「天使の羽根」として受け取るかどうかは、ファンタジーで遊ぶ心があるのかどうかという、その人の感性によるものだと言えるのです。

ファンタジーを闇雲に「ウソだ」と決め付けるのは不粋だと思いますし、それが天使の羽根だと信じている人には、その人がそれで幸せならば「そうだよ！」と伝えます。妄信的に頼ったりすがったりするのではなく、楽しむためにたしなむ。これがスピリチュアルとの健全な付き合い方だと私は思います。

私が手帳に羽根をはさんで持ち歩いているのは、ともするとを忘れてしまいがちなこうしたことを常に心に留めておくためでもあるのです。

★生きる歓びがあふれだすルール44

虹が見えるのは「虹があるはず」と期待して見るから。

「楽しむためにたしなむ」がスピリチュアルとの健全な付き合い方。

当たり前のありがたさ

得意料理はインスタントラーメン⁉

母は料理が得意な人で、私の幼少時代の食卓にはいつも自慢の手料理が並んでいました。そんな彼女に〝大恥〟をかかせてしまったことがあります。それは、私が幼稚園に通っていた頃の出来事。当時、母は幼稚園の父母会の役員でした。その日、私は母に連れられ役員の集まりに出かけたのです。

「うちのお母さん、お料理が上手！」

会合の合間にこんな声をあげた私に向かって、

「どんな料理がお上手なの？」

と、周りのお母さん方が親切に相手をしてくれます。私は渾身の力を込めて、

「ラーメン！」

もちろん普段は母の手作りの料理。ところが当時「宇宙食みたい！」に見えたインスタントラーメンが、滅多に食べないにもかかわらず、強い印象として記憶に残っていたのでしょう。

懸命に笑いをこらえる皆さんから、次にこんな質問が飛んできました。

「じゃあ、2番目に好きなものは？」

なぜ自分が笑われているのか理解できないまま、私はこう答えたのです。

「ケンタッキー！」

もちろん、皆さんは大爆笑。母親からも「あんなに恥ずかしい思いをしたの、初めて」と、私が物心ついたころ聞かされました。

インスタントラーメンも、ケンタッキーのチキンにしても、当時の私にはいわば〝非日常〟で、とても刺激的なものだったようです。日々食べていたはずの「母の手料理」よりも、年に一、二度しか口にしないものが深く印象に残る——。私たち人間の「記憶する仕組み」が持っている特性のひとつかもしれません。母の料理の中で私が強く記憶しているのも、機嫌が悪かったときの「手抜き料理」です。

「死」には2段階ある

同じような例をご紹介しましょう。これは私の知り合いのエピソードです。

彼は50代の男性。さまざまな体験や事情があって「未だに母親を許すことができていない」と話していました。

「母について思い出すのは、悔しかったことや嫌だったことばかり。父親との仲も良くなかったですし……」

そんな彼から、つい最近こんな話を聞きました。「許せない」と言っていたお母様が亡くなられた直後のことです。

「苦しみから解放された母の顔を見て、ようやく気づくことができました。嫌なことばかり覚えていたのは、それ以外の〝普段〟が幸せだったからに違いない」と――。

ラーメンの話とはだいぶ趣が違うのですが、事の本質を突き詰めていくと同じフレーズにたどり着きます。それは「人は滅多にないことの方を覚えている」ということです。

幸せな状態が〝日常〟になると、たまに起きるトラブルや失敗に強くフォーカスが当たってしまいます。すると思考のほとんどがこれに支配され、「自分の周りはトラブルや失敗ばかり」という錯覚に陥ってしまうのです。

幸せな時間が長い人は、たまに起きる嫌な出来事がより深く記憶に刻まれてしまうのですね。

仮にあなたの子ども時代が嫌な思い出ばかりだったとしても、それは幸せな日常の〝反対側〟にフォーカスが当たっていただけかもしれません。決して不遇な子ども時代を過ごした証拠にはならないのです。

「大丈夫。あなたは十分に幸せです！」

それにしても、私の知人の体験からは改めていくつもの学びを得ることとなりました。

死には2段階あること。

それは「肉体の死」と「記憶からの死」。仮に肉体は死んでしまっていても、その人のことが話題になるのであれば〝生きている〟のですし、逆に肉体は死んでいなくても、記憶から消えてしまったら、その人は死んでしまったのと同じということ。

そして、人は生きている時に影響を与えることができるし、彼の母親のように死んでからも影響を与えることができる。つまり魂の意味は、生きているときだけではない。死をも包括してその人の魂の意味がある――ということ。

魂ってすごいですね！

★生きる歓びがあふれだすルール45

幸せな人ほど、不幸にフォーカスを当ててしまいがち。

魂の意味は、その人の〝死〟で失われるのではない。

私がライトワーカーとして生きる理由

病気になって気づいたこと

本文の中ではあまりご説明できませんでしたが、私のようにスピリチュアルカウンセラーなどの職業に就く人をライトワーカーと呼ぶことがあります。といっても、ライトワークという言葉自体、ご存じの方はさほど多くないと思います。一般社団法人 日本ライトワーカー協会のＨＰから引用してご紹介しましょう。

【占い師、ヒーラー、セラピストなどの業種において、持てる技術をもって人々を幸福＝希望の光（Light）に導く行為を「ライトワーク(Light Work)」と呼び、「ライトワーカー(Light Worker)」とは、ライトワークを行う人を指します】

ごくシンプルにいえば「人々を幸福に導く仕事」。撮影スタジオの照明係ではありません。念のため——。

つい先ごろ、このライトワークについて改めて深く考えるきっかけになる〝事件〟が起きました。

最初に自覚した異変は、パソコンのモニターの文字が読みづらくなったことでした。やがて明るい場所で頭痛を感じるようになり、病院で調べてもらったところ、「右目の視野が半分欠けている」との診断。医師によれば原因もよく分かっていない比較的珍しい病気のようで、「最悪、死に至る場合もある」と言います。

友人からは毎日のようにメールが届き、中でもこんな内容が特に心に響きました。

「私もかつて原因不明の病気になりました。原因が分からないと辛いですよね。不安だったときに、私は『絶対、大丈夫だよ』という言葉が一番欲しかった。だから『絶対、大丈夫だよ』という言葉を贈ります。早く原因が分かって、良くなりますように。絶対、大丈夫ですよ！」……。

あなたに「絶対、大丈夫」を伝えたい

ライトワーカーとは、「見えないものが見える」とか「聞こえる」とか、「気だ、エネル

ギーだ、オーラだ、カルマだ」と言うのではなく、ただその人にとっての「大丈夫だよ」を誰よりも力強く示してあげられる存在ではないか。

このメールを読んだとき「絶対、大丈夫」という言葉は他のどんな言葉よりも温かく、力強く、ありがたいものに感じました。

私もライトワーカーとして、この「絶対、大丈夫」を感じてもらえる存在でありたい。「絶対に大丈夫！」と、あなたの心配を吹き飛ばせる存在であり続けると、改めて決意しました。

「愛とキラキラで満ちあふれている」この世界を〝不幸フィルター〟で見ては、嘆いてばかりいる人にときどき出会います。そういう人のためにこそ私は強くありたいと考えたのです。

おわりに——宇宙からのギフト

深夜3時の旅客機の正体

その夜は、ふたご座流星群のピーク直前。翌日には知人に会う約束があり、福島県いわき市に滞在していました。

美しい星空に寒さも忘れ、2時間くらい眺めていたと思います。そろそろ休もうと時計を見ると、午前3時。すると静まり返った闇を引き割くように、西の方角から飛行機が飛んできたのです。何やら重い音を立て、普段よりも明らかに低いところを飛ぶ旅客機に見えました。

「深夜にこんな低空を飛ぶなんて、非常識な飛行機」と不思議に思ったものの、その日はベッドへ。次の日、知人に話すと、

「それはUFOが旅客機に化けたものだろうね」と、キッパリ。

彼の現在の肩書きは意識レベル研究家なのですが、前職はなんと外資系の航空会社。

「そんな時間に国内線は飛ばないし、国際線は高度1万だから音も聞こえないよ」

いきなりの知人の言葉に〝目が点〟になりながらも「どうせならもっとUFOらしいUF

Oを見たかった」と少しがっかり。と、同時にもともと疑り深いタイプの私は「本当にUFOだったのか」を確認したい衝動にかられました。

調べてみて分かったことは、次の2つ。「真夜中に飛ぶ飛行機を目撃している人が多い」ことと「旅客機ではなく貨物便なら夜中でも飛んでいる」ということ。

果たして正体は「貨物便」なのでしょうか。

しかし、ここでさらに謎が深まります。その航空機が飛んだ方向は、西から東へ――でした。福島県いわき市は太平洋に面していますから、東に飛べば「海」。国内の貨物便だとしたら、どう考えても不自然。加えて、仮に貨物便だとしても、極端に低い高度。近くに24時間離着陸可能な空港もありません。

こうなると人間、意地になるものですね。ただでさえ白黒はっきりさせたい性格の私としては、最後の手段～日本中の24時間離着陸可能な空港に問い合わせてしまおうと思い立ったのです。

しかし、ここでふと我に返りました。仮にその時間に飛んでいる航空機がないと分かっても、私が見たものがUFOである証拠にはなりません。それ以前に、UFOか航空機かを追究したところで、いったい何になるのでしょう――。

何のためのスピリチュアルなのか

スピリチュアルカウンセラーを生業にしていながら、ときどきこんな疑問に突き当たります。

「何のためのスピリチュアルなのだろう」

たとえば私は天使や神々とチャネリングで会話をします。ところが、会話の相手が正真正銘の天使や神だと証明することは誰にもできないのです。

天使や神々を想像の産物だと思う人には、ただの幻覚、幻聴と映るでしょう。しかし、私にしても、私がチャネリングの能力を伝えている生徒さんたちにしても、実際に目や耳、体感でその存在を知っていれば、それが疑う余地のない真実なのです。

スピリチュアルに関する仕事をしている人の中には、たとえば「霊が見える」と称していたずらに恐怖心をあおるような人も、残念ながらいないとは言えません。いっぽうスピリチュアルの能力を持っていなくても、相手の心に灯りをともし、元気にしてあげられる人もいます。

何のための、誰のためのスピリチュアルなのか——。

気を引くためだけのオカルトや現実逃避だけを目的としたファンタジーではなく、ハッピーを共有するための〝地に足の着いたリアリティー〟としてのスピリチュアル。私は常にそうした世界とあなたをつなぐ橋渡し役を務めたいと考えています。

ところで、私が見た飛行物体は一体なんだったのでしょう。今となっては、それがＵＦＯでも航空機でも、どちらでもいいと思っています。

なぜなら、その出来事のおかげでこうして多くの人とハッピーやスピリチュアルについて思いを巡らせたり、考えたりできたのですから。仮にその正体が何であろうと、私にとっては「宇宙からの最高のギフト」であることに変わりないのです。

こんなにステキな話題、世界を共有できることに、心から感謝しています。

この本を出版するにあたり、これまでに出会ったすべての方々に感謝申し上げます。

☆

全国のとれみにょんず（名前、書き切れません！）、ダイヤさん、ぺろちゃん、セドリック、ちゃいくん、あたちゃん、ふくちゃん、阿部さん、やすかちゃん、ロイさん。武蔵野珈琲店さん、三鷹のスタバの方々、Seven wishes さん、日本ライトワーカー協会。Salon de とれみにょんのスタッフ（アオシマ、みうちゃん、もろちゃん、ミホタロ先生、ゆりえちゃん、優花ちゃん）、とれみにょん弟、親族のみんな。
そして私に体と命をくれた父と母――。ありがとうございました。

世界は相変わらずキラキラ。最高に面白い！
アリガトウ☆
アイシテル☆
ヒカリアレ☆

２０１４年６月　とれみにょん珠生

＜著者プロフィール＞

とれみにょん珠生

スピリチュアルカウンセラー。一般社団法人 日本ライトワーカー協会 代表理事（岡林珠生）。

2010年4月、実績も顧客も資金もゼロからスピリチュアルサロンを立ち上げる。ネットで集客を始め、初月でメール鑑定占い350人以上。メルマガ、カウンセリング、イベントなどの感想が2年半で5000件超。2年半で延べ1000件以上の個人セッション、カウンセリング実績を上げる。2年目にはサロンを拡大。リンパセラピーやまつ毛エクステなどの技術者と提携し業務拡大するとともに、占いの生徒にも鑑定の場を提供。2012年9月、スピリチュアル業界の地位向上とスピリチュアル・リテラシー向上を目的とする「一般社団法人 日本ライトワーカー協会」を設立。

スピリチュアル業界という特殊な環境下での集客や信頼関係構築のノウハウに加え、起業家から主婦層に至る幅広いクライアントそれぞれの悩みに、スピリチュアルに頼らず、短期間で"問題解決"と"結果成果"をもたらすコーチング、ファシリテーター能力に定評がある。

スピリチュアルサロン・とれみにょん
http://s-tresmignon.com/
e-mail; info@ s-tresmignon.com
この本を読んで感じられた疑問点、ご相談など、お気軽にメール（上記）でお聞かせください。ていねいに目を通しフォローいたします。

歓びがあふれだす45の〈生き方ルール〉

二〇一四年六月十三日　初版第一刷発行

著　者　とれみにょん珠生
装　丁　横山　恵
発行者　宮島正洋
発行所　株式会社アートデイズ
〒160-0008　東京都新宿区三栄町17 V四谷ビル
電　話　（〇三）三三五三―二二九八
ＦＡＸ　（〇三）三三五三―五八八七
http://www.artdays.co.jp
印刷所　倉敷印刷株式会社